KB043923

MONKEY BUSINESS

Monkey Business
Original English edition Copyright © 2007 by Sandy Wight, Mick Hager, Steve Tyink

Korean Translation Copyright © 2008 by Moonhwayouram
This edition published by arrangement with Gibbs Smith Publishers through Best Literary & Rights Agency Co., Seoul.

MONKEY 몽키 비즈니스 BUSINESS

샌디 와이트 외 지음 | 김근주 옮김

북카라반
CARAVAN

차라리 세상이 정글이라 다행이다

어떤 자가 정글에서 승리하는가? 어떤 회사가 정글에서 가장 경쟁력 있는 회사인가? 고객은 물론 직원에게 성실하고 감동적인 서비스를 제공하고, 개인적이고 인간적인 관계를 쌓고 유지하는 데 최선을 다하는 회사가 있는가? 살벌한 비즈니스 세계에서 살아남는 방법을 배울 곳으로 정글만한 곳이 없다.

이 책의 이야기 배경은 '몽키 비즈니스' 다. 예상하겠지만 이 곳은 원숭이들이 경영하는 회사이다. 성장 일로를 밟고 있는 이 회사는 바나나 따기에 있어서 '전설적인 실적' 을 쌓은 한 원숭이 리더가 큰 포부를 갖고 세웠다.

이 감동적이고 재치 있는 이야기를 읽는 동안 우리는 자신도 모르게 아주 중요한 사실을 사장 원숭이 리더에게 배우게 된다.

그는 관계를 중시하고 최고의 서비스를 제공하며 고객 우선주의를 실현하는 회사, 변함없는 회사를 만들기 위한 첫 단계로 고객과 직원을 왕족처럼 대한다. 그것은 직원이 일하고 싶어 하고 고객들이 다시 찾는 회사를 만드는 방법이기도 하다.

그런데 서비스가 이런 엄청난 결과를 불러오는 이유는 무엇일까? 그것은 누구나 인간적이고 감동적인 서비스에 마음을 열기 때문이다.

고객의 마음을 가장 크게 흔드는 것이 그들의 경험이라면, 훌륭한 서비스는 그 경험의 전부라 해도 지나치지 않다. 한 가지 사실을 덧붙인다면 고객들은 훌륭한 서비스를 기대하지만 그 때문에 다시 매장을 찾지는 않는다. 예컨대 어떤 매장에서든 고객이 들어가면 직원들이 밝게 웃으며 "손님, 무엇을 도와드릴까요?" 라고 인사한다. 그런데 당신이 고객이라면, 단지 그 때문에 그 매장을 다시 찾을까?

고만고만한 서비스로는 손님을 끌 수 없다. 회사는 고객이 자신과 다른 사람에게 "왜 다른 곳에 가지?"라고 반문할 수밖에 없는 이유를 제공해야 한다.

이 문제에 대한 열쇠는 직원들에게 있다. 고객에게 최선을 다하는 직원들이야말로 회사의 가장 큰 경쟁력이다. 그러나 대부분의 직원들은 이직을 밥 먹듯이 한다. 왜 그럴까? 이유는 간단하다. 회사에서 존중받고 있다는 느낌을 받지 않기 때문이다.

많은 회사에서 직원들의 노력은 칭찬받기는커녕 제대로 인정받지 못한다. 성과에 대한 적절한 보상도 없다.

이 같은 문제들에 대해서 어떻게 대처해야 하는가? 〈몽키 비즈니스〉는 그 해답을 제시한다. 아주 쉽고 빠르게 읽히는 이 책은 당신에게 에너지와 즐거움은 물론, 당신과 회사가 당면한 문제가 무엇인지 알려줄 것이다.

누구나 인정하는 새턴 자동차의 성공 과정만 봐도 그렇다. 1985년 '사람' 을 모토로 세워진 새턴 자동차는 고객의 소중함을 정확히 이해했고 그것을 충실히 따랐다. 그리고 고객이 지출하는 돈의 액수가 아니라 매장의 문을 열고 나가는 순간 고객이 느끼게 될 감동에 중점을 두었다. 새턴 자동차는 명차를 만드는 방법을 알기에 성공했다. 그러나 더 중요한 것은 새턴 자동차가 고객의 시선과 마음을 알고 있다는 사실이다. 이 책의 저자처럼.

새턴 자동차 총책임자 *질 라지아크 Jill Lajdziak*

차 례

2부 인생의 대전환기가 시작되다

알 아 두 기

원숭이들 전문용어

이 나무, 저 나무를 타다

우아하고 재빠르게 고객의 필요와 요구, 기대치를 고려하여 자신을 적응시키는 능력을 말한다.

토닥거림

훌륭하게 일을 마친 원숭이에게 마지못해 취하는 제스처, 비즈니스 세계에서는 사라진 행동이다.

쯧쯧

한심한 원숭이를 보고 위안을 얻으며 중얼거리는 말이다.

〈좋은 일간〉

정글에서 일어나는 좋은 소식만을 싣는 일간 신문으로 나쁜 소식을 싣는 신문보다 구독률이 떨어진다.

귀차니스트 원숭이

최고의 실력자들과 똑같은 대우와 보수를 받기를 원하면서도 할 일 없이 어슬렁거리기를 잘하는 동물이다. 그런 자신의 재주를 인정해주는 동료들에게 재빠른 나무타기 비행으로 보답한다.

정글의 대원칙

언제나 정글을 평정하는 것은 고객이다.

정글 열병

심하게 아둔한 원숭이들이 공통적으로 보이는 증상으로 몸과 마음이 몽롱한 상태에서 발병한다.

펑키족 원숭이

고객을 도와주는 일을 하지만 행복은 다른 일을 하면서 찾는다. 일을 하려는 원숭이는 많지만 받아주는 곳은 별로 없다.

슬리자드

신성한 회사의 현관 주위를 어슬렁거리는 동물로 아둔하지만 날렵한 혀를 가졌다.

블라분

어떤 기밀이든 유출하고 마는 세계적 수준의 정보 누설자이다.

노란구탄

불완전한 긍정주의자나 삐딱한 원숭이들에게 자신의 부정적인 태도를 물들이는 비관론자이다.

라이언즈

무지무지 큰 입과 날카롭고 뾰족한 이빨을 가진 사납고 무섭고 공격적인 동물이지만, 입만 열만 거짓말을 늘어놓는다.

윈세로

남의 험담을 하기 위해 엄청난 음식을 먹어치우는 동물. 대부분의 시간을 분수에서 물놀이를 하거나 아주 작은 일이라도 남의 흠을 잡으며 보낸다. 전문 분야는 트럼펫 불기. 딸꾹질이나 코를 킁킁대는 병 때문에 일을 놓을 때가 있다. 자신이 일을 시작하면 3일 안에 승진할 수 있다고 믿는다.

치타

물의를 일으키는 투기사업을 하는 윤기 있고 긴 다리를 가진 예술가. 정글 깊은 곳에서 살며 무고한 동물을 잡아먹는다.

그라젤

긍정적인 생각과 재치있는 유머 감각으로 생활하는 작고 날렵하고 우아한 동물. 어린 시절에는 발레를 배웠고 어른이 된 후에는 볼륨 댄스를 배웠다.

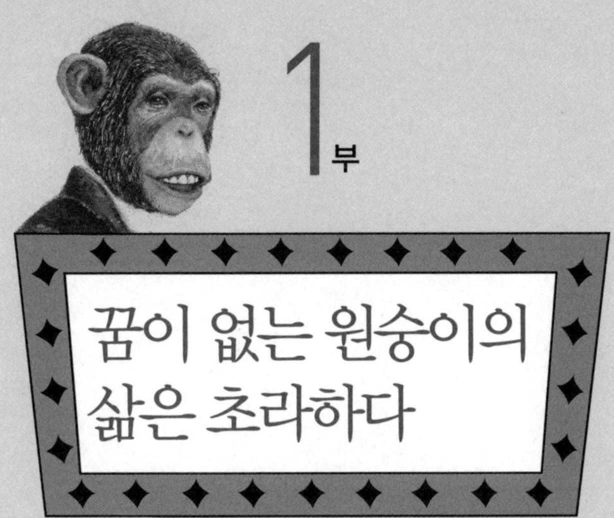

1부

꿈이 없는 원숭이의 삶은 초라하다

또 하루,
평범한 날의 시작

외딴 섬의 짙푸른 정글. 그곳에 마음 넉넉한 해피족 원숭이들이 살았다. 진짜 행복한지는 앞으로 두고 볼 일이지만 언뜻 보기에 그들은 행복해보였다. 해피족 원숭이들은 쉴 새 없이 재잘대며 맛있어 보이는 바나나를 찾아 이 나무에서 저 나무로 멋지게 나무를 탔다. 그리고 어김없이 잘 익은 노란 바나나를 찾아냈다!

해피족 원숭이들이 사는 활기 넘치는 이 정글은 지구상에서 가장 풍요로운 낙원으로 보였다. 때문에 세계 각지에서 수많은 방문객들이 몰려들었다. 언제나 행복하게 사는 해피족 원숭이들의 삶의 비결을 배우기 위해 찾아온 것이다. 그들은 이 행복한 원숭이들에게서 하나라도 배워가려고 혈안이었다. …… 마침내 원숭이들의 노하우를 알아냈다.

ꟼ

방문객들은 '무엇이든 배우고 따르겠다'는 열망 하나로 덤불을 헤쳐 길을 만들며 정글 속으로 들어갔다. 그리고 새로운 사실을 깨달았다. 이 풍요로운 땅에 가까이 다가갈수록 처음에 생각했던 것과는 상황이 전혀 달랐던 것이다.

아무 걱정 없이 지내는 줄 알았던 원숭이들은 전혀 행복하지 않았다. 쾌활하게 재잘대는 이야기는 그냥 농담에 불과했고 하루 종일 나무 사이사이를 분주하게 날아다니며 수확한 바나나는 몇 개에 지나지 않았다. 하지만 아주 별난 원숭이 한 마리는 예외였다.

모든 것이 만족스러운데 왜 허전할까?

이 풍성한 녹색 낙원에는 매우 특별한 원숭이가 살고 있었다. 길고 가는 팔다리와 잽싸게 움직이는 꼬리를 가진 거미원숭이였다. 무엇이든 낚아챌 수 있는 그의 꼬리는 감탄을 자아냈다. 꼬리는 거미원숭이가 취하는 행동의 의미를 풀 수 있는 열쇠였다. 거미원숭이는 동료들이 버리고 간 것이라도 가치가 있는 것이라면 순식간에 그 꼬리로 낚아챘다.

거미원숭이는 천성적으로 민첩하고 활발하며 깔끔했다. 정글이 한눈에 내려다보이는 나무 꼭대기에 오르는 것을 좋아했고, 거기서 다른 원숭이들이 놓친 기회나 정글 곳곳에 숨어 있는 함정들을 머릿속에 새겨두었다. 나무 사이를 휘젓고 다니며 최고의 바나나를 찾아내는 데 선수였던 그는 바나나를 찾아 오르락내리락 하면서 창의적이고 신선한 시각과 경험을 쌓아갔다.

나무를 타면서 거미원숭이의 팔다리와 꼬리는 더욱 길고 가늘어졌다. 그의 모습은 점차 누구에게도 해를 입히지 않는 거미를 닮아갔다. 게다가 누군가 이미 싹쓸이를 하고 간 곳에서 황금빛 바나나를 찾는 등 다른 원숭이들에 비하면 타의 추종을 불허하는 성과를 올렸다.

이 특별한 거미원숭이는 현명한 아내와 여러 친구들과 함께 깊은 정글 속에서 생활했다.

모든 거미원숭이들이 그러하듯 이 무리 또한 재능이 많았고 색색의 털을 가지고 있었다. 밝은 색, 어두운 색, 황금색, 가장 화려한 붉은색에 이르기까지 그야말로 총천연색이었다.

거미원숭이의 다채로운 털빛은 아름다웠다. 하지만 판단과 행동이 재빠르고 솜씨가 좋은 일꾼을 찾아다니는 헤드헌터의 눈에 쉽게 띄었다. 거미원숭이들은 고용시장에서 씨가 마르다시피 했다.

거미원숭이는 젊은 시절 내내 웃어른과 대기업 '바나나공화국' 을 위해 열심히 바나나를 땄다. 그래서 정글에서는 아닐지라도 회사 내에서는 최고의 바나나 따기 일꾼으로 인정받아 명예의 전당에 등극했다. 이렇게 거미원숭이는 자신의 이름 '리더' 를 세상에 크게 알렸다.

리더는 바나나 따는 일을 너무나 좋아했다. 바나나 따기는 어릴 적 그의 꿈이었으며, 어린 시절 리더는 언제나 어른 원숭이처럼 나무 사이를 날아다니며 바나나를 딸 수 있기를 꿈꾸었다. 누구보다도 더 좋은 바나나를 더 빨리 따겠다고 말이다.

리더는 얼굴의 털이 수북이 자란 어른이 되었고, 자신과 달리 얼굴에 털이 하나도 없는 깨끗한 피부의 여자를 만나 결혼했다. 정글의 신선한 공기를 마시며 나무 사이를 누비고 황금빛 바나나 찾기를 좋아하는 리더는 스스로 생각해봐도 자신은 다른 원숭이에 비해 특별한 데가 있었다.

'리더는 왜 그렇게 바나나 따기에 열을 올리는 걸까?'

다른 원숭이들 역시 이 사실을 궁금하게 여겼다. 그러나 리더는 단지 오래전 자신의 아버지가 그랬던 것처럼 바나나를 따서 가족과 동료들에게 나눠주는 시간을 좋아할 뿐이었다.

정글에 태양이 뜨듯이 그는 이른 아침이면 어김없이 날아올라 정글을 밝혔다. 그리고 불꽃처럼 활활 타올랐다. 특히 월요일 아침에는 더욱 뜨거웠다.

금요일이면 모든 원숭이들이 행복한 표정을 짓지만 월요일 아침이면 얼굴에 먹구름이 낀다. 바로 이때 리더는 행동을 개시한다. 바싹 마른 장작에 불을 지피고 바나나 따기 캠페인 주간 동안 활활 타오르도록 준비하는 것이다.

사실 리더에게는 캠페인의 성공이나 실패, 그 자체가 중요한 게 아니었다. 원숭이들 모두가 성공을 믿고 그 가능성을 향해 최선을 다한다는 점이었다. 이런 리더의 열정과 바나나를 향한 집념은 그의 삶 전반에 큰 영향을 주었다.

현명한 그의 아내도 마찬가지였다. 남편의 열정에 전염된 컴피던트는 매일 아침 그가 출근할 때마다 달콤한 키스를 보냈다. 리더는 이 달콤한 키스로 상쾌한 아침을 맞고 멋진 하루를 보낼 수 있었다.

리더는 회사에서도 인정받고 있었다. 사장은 리더의 이름을 정확히 몰랐지만 한 번씩 그의 어깨를 토닥거리며 이렇게 말했다.

"이번 일은 아주 잘했네. 언젠가 자네도 사장의 자리에 올라 최고의 바나나를 찾아오라고 지시하는 날이 올 걸세!"

자신의 주변을 어슬렁거리는 사장을 보며, 때때로 리더는 '사장이 혹시 아둔한 원숭이가 아닐까?' 생각하기도 했다. 어디까지나 생각이었다. 사장도 한때는 바나나 따는 데 있어 정글 최고였다는 것을 리더는 잘 알고 있었다. 그는 무척 영리하고 긍정적이었으며, 날렵한 꼬리를 가지고 있었다.

사장에게 칭찬을 들은 날이면 리더는 행복에 겨워 한걸음에 집으로 달려왔다. 그리고 사랑하는 아내에게 자랑했다. 컨피던트는 남편의 말을 한마디도 흘려듣지 않고 경청한 뒤, 그의 깊고 짙은 눈을 쳐다보면서 이렇게 말했다

"당신이 얼마나 자랑스러운지 몰라요."

컨피던트는 평소 '쯧쯧' 처럼 간단하면서도 강력한 단어를 많이 썼다. 그녀는 동료가 아주 뻔한 생각을 뒤늦게 깨닫고 호들갑을 떨 때, 머릿속으로 이 단어를 떠

올리곤 했는데 단지 생각으로만 그치는 것이 아니라 가끔은 입 밖으로 내뱉기도 했다.

컨피던트는 누구보다 남편의 속사정을 잘 알고 있었다. 사장이나 회사 동료들이 전혀 느끼지 못하는 애처로움까지도 이해했다. 때문에 리더는 그녀가 마음에 들지 않는다는 듯 '쯧쯧' 이라고 말하더라도, 집에 돌아가 이야기할 시간만을 기다렸다.

컨피던트가 힘든 일을 마치고 돌아왔을 때도 달라지는 것은 없었다. 그래서 리더는 아내가 언제나 자신의 이야기를 경청해줄 준비가 되어 있다고 생각했다. 퇴근 후 나무로 올라오는 발자국 소리를 들으면서, 그녀가 남편인 자신의 이야기를 들으려고 마음의 준비를 한다는 사실을 전혀 눈치 채지 못했다.

어쨌거나 리더는 언제나 세심하게 자신을 배려해주는 컨피던트에게 감사해했다. 집에 돌아오면 그는 양복을 벗어 아내에게 주고는 으레 〈좋은 일간〉을 집어 들었다. 그리고 야자즙과 파파야즙을 섞은 주스를 마시며

전쟁 같은 하루를 생각했다. 이 달콤한 주스는 다른 동료들이 자신의 바나나를 잃고 헤맬 때 자신의 것을 지켜낸 대가였다.

가장으로서 리더의 귀가의식은 대체로 이렇게 성공적으로 끝났다. 리더의 얼굴에 미소가 가득 번졌다. 이제 그의 영웅담을 들어줄 시간이 됐다는 의미였다. 컨피던트는 벌써 남편을 위해 편안한 자리를 마련해놓았다.

리더는 아내에게 모든 일을 털어놓고 충고를 듣는 시간을 진심으로 사랑했다. 컨피던트야말로 세상에서 자신에게 가장 많은 관심을 가져주는 여자였고, 그녀는 절대 대화중에 불쑥 끼어들어 문제의 해결책 따위를 내놓는 일은 하지 않았다.

리더에게는 너무나 당연했겠지만, 사실 그 모든 것은 아내 컨피던트의 드러나지 않는 내조의 결과였다. 컨피던트는 언제나 리더의 유머에 박장대소했다. 덩치가 산만한 사장이 나무꼭대기에서 한번에 내려와 바나나를 낚아채고는 껍질만 남겨놓고 떠났다는 이야기를 할 때는 배를 잡고 웃었다.

'컨피던트가 웃는 모습은 얼마나 사랑스러운지!'

얼마 후 리더는 어질러진 자리를 그대로 놔둔 채 방으로 들어갔다.

리더가 자리를 떠난 뒤 컨피던트는 생각했다. 리더가 언짢게 생각하는 귀차니스트 원숭이가 여간 신경이 쓰이는 게 아니었다. 그는 고객들을 '거추장스러운 존재'라고 부르며, 가끔은 말싸움도 벌인다고 하지 않는가!

그녀가 보기에 그건 보통 문제가 아니었다. 고객은 다름 아닌 남편의 월급을 책임지는 회사의 자산이기 때문이다. 이거야말로 '쯧쯧' 상황이었다.

컨피던트는 남편이 바나나 따는 일에서 훌륭한 성과를 거두고도 제대로 인정을 받지 못하는 것이, 또 혼자 축포를 터뜨리는 것이 무척 안쓰러웠다.

리더는 아내와 이야기를 나눌 때 이상한 기분이 들었다. 좋은 징조가 아니었다. 더 이상 호들갑을 떨 수가 없었던 것이다. 그는 아내가 아무 말도 하지 않은 것이 마음에 걸렸다.

리더가 보기에 컨피턴트는 직관적으로 모든 것을 파악하는 힘이 있었다.(그것은 여자들의 천부적인 소질이기도 하지만 신의 저주이기도 하다.)

컨피던트도 직장에서 남편 못지않은 문제점을 안고 있었다. 그러나 그녀는 지금은 자신의 얘기를 꺼낼 시점이 아니라는 것을 알았다. 남편의 문제는 자신의 문제보다 훨씬 심각해보였다.

'승승장구하던 남편이 휘말리다니!'

컨피던트는 바로 지금이, 어느 때보다 남편의 이야기를 끝까지 들어주어야 할 때임을 알았다.

내가 진짜로 원하는 게 뭔가?

컨피던트는 고객과 동료를 극진하게 대하는 것이야말로 성공의 열쇠라고 생각했다.

'왜 자신의 생계를 쥐고 있는 소비자 원숭이들에게 정글의 왕족보다 못한 대우를 하는가?'

그녀는 리더의 이야기를 들을수록 이 의문을 떨칠 수가 없었다.

'그들은 정말 이 사실을 모르는 걸까?'

원숭이들은 정말 몰랐다. 어떤 원숭이는 다른 원숭이의 눈치를 살피는 데만 정신이 팔려 있었다. 물론 어느

부분에서는 이런 일도 필요할지 모른다. 하지만 현재 가장 신경 써야 할 일이 무엇인지는 알고 있어야 할 것이 아닌가!

원숭이들의 가장 중요한 업무는 최고의 바나나를 따서 제시간에 고객의 손에 쥐어주는 일이다. 함박웃음을 지으며 진심어린 감사와 바나나를 고객에게 배달해야 하는 것이다.

리더 또한 하루에도 몇 번씩 가치관이 부딪치는 것을 느꼈다.

'왜 우리 회사의 원숭이들은 정글법칙을 따르지 않는 걸까?'

~

리더는 고개를 갸우뚱거렸다.

'날마다 자신들이 따온 바나나를 구매하는 바로 그 원숭이에게 전혀 관심을 갖지 않고도 어떻게 월급을 받을 생각을 하는 거지? 어떻게 이런 기본적인 생각도 하지 않을 수 있을까? 게다가 쓰레기 같은 바나나를 정글에서 가장 잘 익은 최고급 바나나와 나란히 놓을 생각을 하다니! 모두 정글 열병에라도 걸린 건 아닐까? 정말 대책 없는 일이군.'

리더는 하루에도 여러 번 한숨이 났다.

'아니, 팀장이 정글 열병에 걸린 건가? 어쩌면 실력 있는 원숭이나 팀장이 없어서 이 모양이 된 건지도 몰라. 회사에 당장 고쳐야 될 중대한 문제점이 있던지. 아무튼 어떤 이유이든 뭔가 분명히 문제가 있어!'

리더는 생각했다. 문제가 무엇이든 한 가지 사실만은 확실했기 때문에, 그는 바나나공화국이 더욱 번창하려면 모든 직원이 고객을 최우선으로 생각해야 한다는 결론을 얻었다. 뿐만 아니다. 리더는 너무나 분명한 사실 또 하나를 알고 있었다.

바나나공화국의 바나나를 사는 고객은 가치관과 생활수준, 기대치, 소비 습관이 비슷한 원숭이들끼리 한 마을에 모여 산다. 그래서 바나나와 같이 정글에서 흔한 상품을 취급하려면 특정한 고객 계층이 원하는 서비스와 요구사항을 반드시 알고 있어야 한다.

'왜 그들은 이 사실을 모를까? 고객이 원하는 가치를 분석해내는 원숭이는 "동료"라고 하면서, 왜 고객은 우리의 비즈니즈에 포함시키지 않는가? 왜 가치를 창조하는 고객들을 "동료"라든가 "파트너"라고 부르지 않는가?'

리더는 도무지 이해할 수가 없었다. 고객에 대한 이런 새로운 생각으로 전율할 뿐이었다. 리더는 더욱 많이 알고 싶었고, 그의 생각은 더 발전했다.

'고객이 가치를 두는 것은 무엇일까? 갓 따온 신선한 바나나일까, 시선을 끄는 진열방식일까? 아니면 가족들의 저녁식탁 위에 정글에서 가장 맛있는 바나나를 올리는 행복한 상상일까? 혹시 가게를 방문했을 때 고객들이 받게 될 서비스나 경험일지도 모른다.'

여러 가지 가능성이 떠올랐지만 정확히 찍어낼 수는 없었다. 리더는 그 대답을 찾기 위해 더욱 머리를 쥐어

짰다. 효과가 있었는지 리더의 머릿속에 선명하게 답이 떠올랐다.

'고객이 누구인가, 그리고 어떤 계층에 속하는가가 결국 모든 것을 좌우한다!'

바나나공화국은 물론이고 정글에서 가장 인기 있는 바나나를 판매하는 회사들은 각 계층의 고객들이 원하는 서비스와 가치를 꿰뚫고 있어야 한다. 그 다음은 행동으로 보여주어야 한다. 고객을 찾아가서, 고객이 기대하는 이상을 제공함으로써 변함없는 신뢰감을 쌓는 것이다.

이것이 전부일까? 무엇보다 고객이 다시 매장을 찾는 것이 가장 중요하다. 그러기 위해선 고객 대하기를 왕족 모시듯이 해야 한다. 정성껏 손질한 반질반질한 바나나를 공급하여 고객을 기쁘게 해야 한다.

또한, 신속한 배달은 고객의 마음을 송두리째 빼앗을

수 있는 주요한 전략이다. 실행해보라. 고객은 가족에게, 친구에게, 이웃들에게 심지어 생면부지의 원숭이에게도 입이 닳도록 말할 것이다.

"정말 믿을 수가 없어요. 그렇게 빨리 배달될 줄은 꿈에도 생각하지 못했다니까요."

고객과의 약속을 생명처럼 지키며 언제나 고객의 편의를 위해 최선을 다하는 기업이 고객의 사랑을 받는 것은 당연하지 않은가?

리더는 회사의 원숭이들이 이런 원칙을 전혀 모르고 있다고 판단하기에 이르렀다. 문제는 그뿐만이 아니다. 팀을 이끌어가는 팀장들을 포함하여 바나나공화국 어디에도 이 사실을 깨달은 원숭이가 없었다.

또, 회사에는 바나나를 제시간에 배달할 시스템이나 네트워크도 제대로 조직되어 있지 않았다. 고객들이 진정으로 원하는 것은 저가 판매보다 신속한 배달이라는 것을 파악하지 못했기 때문이다.

사실 말이 저가 판매지, 날마다 별의별 행사가 열리

고 있기 때문에 고객들은 세일에는 전혀 관심을 갖지 않고 있었다.

회사에는 펑키족 원숭이들이 있었다. 그들이 맡은 일은 주로 고객의 쇼핑을 도와주고 바나나를 집까지 배달하는 일이었다. 그럼에도 그들은 고객과 좋은 관계를 맺는 것에 관심을 갖지 않았다. 고객을 최우선시하는 것은 고사하고 언제나 "저녁엔 뭘 먹을까?" "오늘 헤어스타일이 별로인 것 같은데" 등과 같은 딴 생각에 정신이 팔려 있었다. 또 자신의 일이 팀장을 위한 일이라고 생각하며 생색을 냈다. "이만하면 제가 팀장님을 구해준거나 다름없죠?"라는 식이었다.

이런 고질적인 관행을 생각하면 리더는 저절로 한숨이 나왔다. 그는 자신의 일을 너무나 사랑하며 다른 원숭이들도 그렇다고 생각했다.

날미다 나무 사이를 날아다니며 가장 좋은 바나나를

따면, 고객들은 그 바나나를 사기 위해 아낌없이 지갑을 연다. 어떻게 이 일을 사랑하지 않을 수 있는가?

리더는 아내를 포함한 가족들과 안락하고 푸른 나무에서 살 수 있게 해주는 자신의 일을 천직이라고 생각했다. 언제나 고객이 원하는 황금 바나나를 찾겠다는 생각으로 하루를 보냈고, 고객들의 취향과 습관을 정확히 알고 있었다. 때문에 고객의 구미를 맞추는 방법도 잘 알고 있었다.

하지만 부족했다. 리더의 목표는 고객이 원하는 것 이상을 제공하는 것이었다. 그는 고객에게 언제나 기쁨과 감동을 선사하는 것이 무엇인지 고민했다.

그 때문일까? 리더는 많은 걸 이뤄냈다. 내적으로는 점점 강해졌고, 회사에서는 가장 나무를 잘 타며 가장 좋은 바나나를 따는 원숭이로 인정받았다. 회사에 꼭 필요한 존재가 된 것이다.

리더는 항상 최선을 다했기에 좋은 성과를 올렸고 그 결과 가족에게 편안한 생활을 보장해주는 원숭이가 되었다.

회사 생활을 처음 시작할 때는 리더 또한 여느 원숭이와 다를 바가 없었다. 동료들과 잡담을 주고받고 '미친 듯이' 나무를 타고, 집에 오면 아주 뿌듯한 기분에 잠자리에 들었다. 그러나 얼마 후 그는 이런 일상이 아무런 성과를 내지 못한다는 것을 알게 되었다.

❧

리더는 천성적으로 목표가 분명한 인물이었다. 다른 원숭이들은 그의 아버지도 그랬다고 말하곤 했다.

결과야 어쨌든 리더는 별다른 성과 없이 몇 년을 보냈고, 그의 고객을 위한 서비스는 헌신짝처럼 취급되었다. 정글의 일상이 그를 통째로 집어삼키고 있었다고 해도 과언이 아니었다.

그래도 '바나나공화국'은 아무렇지 않았다. 회사의

운명이 태풍 앞의 등잔불처럼 보였지만 단골들은 완전히 돌아서지 않았다. 하지만 바나나공화국을 찾는 고객들은 다른 매장에서 점점 더 좋은 대우를 받게 되었다. 또, 바나나공화국에서는 찾을 수 없었던 새로운 음식들을 발견했다.

경쟁 회사들의 바나나는 바나나공화국의 것보다 품질이 좋지 않았지만 새로운 경험을 원하는 고객들은 하나둘 빠져나가기 시작했다. 바나나공화국의 고객층은 현저히 얇아졌다. 그에 따라 직원들의 사기도 떨어지면서 자연스럽게 수입도 급격한 하강 곡선을 그렸다.

시간이 지날수록 리더는 변화의 필요성을 뼈저리게 느꼈다. 완전히 다른 회사가 되어야 한다고 생각했다. 바나나공화국이 최우선으로 삼는 것은 언제나 '얼마나 많은 바나나를 파느냐' 였지만, 이것은 고객에게는 전혀 관심을 두지 않은 정책이었다.

리더의 생각은 좀 달랐다. 그는 고객을 가족과 같이 대하는 것, 그것이야말로 고객과 건강한 관계를 맺고 감동을 줄 수 있는 방법이라고 여겼다. 이 따뜻하고 아름다운 일은 수십 배의 보상이 되어 되돌아온다는 것을 믿어 의심치 않았다.

❧

바나나공화국에서 리더는 퇴출 대상 1호로 지목되었다. 이는 그 자신도 다른 원숭이들도 모두 알고 있었는데, 사실 리더는 붉은 작업복을 입고 열심히 바나나를 따는 데만 집중했어야 했다. 회사 시스템 따위에는 전혀 불만을 가져서는 안 됐던 것이다.

회사의 모든 원숭이들은 리더와 같은 '삐딱이' 는 마땅히 퇴출되어야 한다고 생각했다. 고객 주변에서 고객의 취향을 맞추는 일은 회사가 원하는 것이 아니었고, 직원들은 그냥 상사에게 아첨하고 주어진 생산량만 맞추면 그만이었다. 그것이 다수의 원숭이들이 말하는 게임의 규칙이었다.

새해가 몇 번 돌아오는 사이 리더는 확실히 변했다.

동료들과 비슷한 수준이라도 되려고 했던 원숭이에서, 완전히 다른 세계를 꿈꾸는 원숭이가 되었다. 리더는 자신의 일을 철저히 고민하고 무엇보다 자기 직업을 사랑하며, 고객을 가족과 같이 대하고 자신의 성과에 자부심을 갖게 되었다.

리더의 고민은 점점 더 깊어졌다.

'무엇부터 하면 될까?'

그는 아내 컨피던트와 안락한 집에서 살며 가까운 친구들과 즐거운 생활을 누리고 있었다. 사실 그는 나무의 가지마다 매달려 놀 아이들을 계획하고 있었다.

'내가 간절히 원하는 것이 무엇일까?'

리더는 가까운 호숫가에 앉아 생각을 정리했다. 다른 원숭이들처럼 리더도 해답을 얻기 위해 배를 문지르고 머리를 쳤다. 그러나 크게 효과는 없었다.

리더는 자신의 본능에 모든 것을 맡겨보기로 했다.

그 순간 그의 입술이 동글게 말리더니 가슴 깊은 곳에서 울리는 소리가 새어나왔다.

"more!"

너무나 단순한 의미를 담고 있었다. 리더는 "조금 더" 원하고 있었던 것이다. 그는 열심히 일해도 기껏 사장의 칭찬이나 받을 수밖에 없는 직원 신분에 머물러 있고 싶지는 않았다. 정글의 물가도 따라잡지 못하는 연봉 상승을 기다릴 수만은 없었다.

리더는 말과 행동이 영 딴판인 사장의 눈에 드는 것보다 일하면서 얻고 싶은 일들이 많았다. 날마다 시계추처럼 회사를 왔다 갔다 하느니 그의 열정을 남김없이 쏟아 붓고 성공을 위해 매진하고 싶었다. 그래서 좀 더 정열적이고 가치 있고 인정받는 원숭이가 되고 싶었다.

리더가 이해할 수 없는 문제는 그뿐만이 아니었다. 고객이 작은 문제를 일으켰을 때 원숭이들이 얼굴을 찌푸리거나, 문제를 해결해주면서 짜증스럽게 으르렁거리는 것도 이해할 수 없었다. 또한 서비스에 불만을 갖는 고객에게 "죄송합니다"라는 형식적인 사과를 건네고, 주문하는 고객에게 "무엇을 도와드릴까요?"라며 무성의한 인사를 건네는 것도 반드시 고쳐야 할 문제였다.

'이 원숭이들이 제정신인가?'

리더는 혼란스러웠다. 정말, 저 원숭이들은 환하게 미소를 지으며 '손님, 저희가 도와드릴 일이 없을까요?'라고 인사하는 걸 전혀 모르는 것일까? 자신의 일을 사랑하는 자존심 강한 원숭이는 원래 웃는 법을 모르는 것일까? 리더는 자신의 생각을 곰곰이 되씹어보았다.

'아름드리나무들 사이를 헤치고 날아다니는 이 일이야말로 세상에서 가장 즐거운 일이고, 그것이 우리 원숭이가 세상에 태어난 이유가 아닐까?

리더의 머릿속에서 의문이 꼬리를 물고 이어졌다.

'다른 원숭이들은 나처럼 정열적이지 않은 걸까?

'그들은 언제나 좋은 게 좋은 거라고 생각하나?'

'대부분의 원숭이들은 왜 부정적인 측면만 생각하는 걸까! 그리고 태만한 원숭이들이 고객은 물론이고 동료들에게도 주의를 기울이지 않는다는 사실을 왜 날카롭게 지적하지 못하는 것일까?'

'다른 원숭이들이 딴 생각에 빠져 있을 때 나는 왜 이런 고민을 하고 있는 걸까?'

리더는 가슴이 답답했다. 그 증상이 점점 심해지더니 잠도 제대로 오지 않고, 한밤중에 벌떡 일어나 정글 깊은 곳에 있는 연못까지 갔다 오는 일도 잦아졌다.

리더는 이 야간 산책으로 머리가 혼란스럽기도 했지만, 그 주변에 어떤 위험 요소들이 도사리고 있는지 정확하게 파악하게 되었다.

먼저, 깜깜한 정글 숲을 기어 다니는 아둔하지만 날렵한 혀를 가진 슬리자드들을 피하는 방법을 알게 됐다. 슬리자드는 밤사이 근거 없는 헛소문을 퍼뜨리고, 다른 원숭이에게 누명을 만들어 덮어씌우고, 골치 아픈

문젯거리를 만들어냈다.

그는 어떤 기밀도 하루아침에 휴지조각으로 만드는 공포의 블라분도 피할 수 있었다. 무엇보다도 위험을 무릅쓰고 노란구탄의 손아귀에서 벗어난 일은 아주 귀중한 경험이었다. 철저한 비관론자인 노란구탄은 자신의 부정적인 태도를 당당하게 떠벌리고, 교묘하게 퍼뜨리는 치명적인 동물이었다.

리더는 치열하게 이런 동물들과 싸웠다. 그들과 타협을 하는 일은 절대 있을 수 없는 일이었다.

'그건 안 될 말씀이지, 절대로!'

언제나 선택이란 괴롭고 힘든 것

리더의 가정생활은 완벽했지만 일은 점점 더 난장판이 되었다. 어느 날, 리더는 날마다 다니는 길이 아닌 새로운 길로 집에 갔다. 이 길은 어떨까 하는 단순한 호기심이 그의 발걸음을 돌리게 했다. 처음 들어선 길은 무척 낯설고 불편하게만 느껴졌다.

그런데 몇 그루의 나무를 지났을 때였다. 커다란 나무 사이에서 오색찬란한 아름다운 새가 날아오르는 것이 아닌가. 새의 아름다운 노랫소리에 한결 정신이 맑아진 리더는 전에 느껴보지 못했던 새로운 경지를 경험

한 기분이 들었다. 우연히 택한 길이었지만 정말 잘한 결정이라는 생각을 하게 됐다. 새로운 것을 경험할 기회를 주었기 때문이다.

리더는 집에 들어오자마자 양복을 벗어던지고 편안한 차림을 하였다. 그러나 정원을 손질하거나 칩샷을 치지 않았다. 으레 마시던 시원한 맥주도 꺼내지 않고 진지한 이야기를 나눌 분위기를 만들었다. 컨피던트는 남편이 하는 행동 하나하나에 신경이 곤두섰다.

그는 아무것도 걸치지 않고 그녀의 옆자리에 앉았다. 사실 그것은 대부분 원숭이들의 홈패션이지만 그녀의 관심을 끄는 데는 확실히 성공했다.

리더의 모습은 보기 좋았다. 그런데 분명 다른 구석이 있었다. 젊었을 때의 모습 같기도 하고 더 침착하고 행복해보이기도 했다.

지난날을 돌이켜보면 리더는 용기 있고 열정적이며 유머 있는 젊은이로 정글 세계에서 단연 돋보였다. 그의 눈은 말 그대로 불타올랐고 자신의 삶에 대한 열정과 에너지가 넘쳐흘렀다. 또한 다른 원숭이들과는 다른 삶을 일구겠다는 의지가 결연했다.

지금 리더의 눈은 바로 그 시절처럼 빛이 났다.

리더는 부드럽게 컨피던트의 손을 잡았다. 그리고 한층 분위기가 무르익을 무렵 핵폭탄을 터뜨렸다.

"나 독립할까 해."

기쁨이 충만한 목소리라니! 화들짝 놀란 컨피던트의 목소리가 몇 옥타브나 올라갔다.

"뭐라고요?"

"진정해. 아직 직장을 그만둔 것도 아니야. 그런데 난 새로운 일을 하고 싶고, 그것에 대해서 당신과 얘기하고 싶어."

아내의 얼굴이 빨갛게 달아올랐다. 리더는 아내가 열기를 식힐 수 있도록 커다란 잎을 건넸다.

"며칠 전에 나는 사장한테 회사는 지금 변화가 필요하다고 이야기했어."

"잘했어요!"

컨피던트의 입가에 어느새 미소가 흘렀다.

"고쳐야 할 것은 산더미 같이 많아. 회사가 아주 심하게 삐걱거리고 있지. 고객 관리는 엉망이고, 직원들 사기는 말할 것도 없이 형편없어. 예전에는 즐겁게 일해도 하루 일과를 끝마칠 수 있었는데, 지금은 회사 시스

템과 부서별 업무가 원활하게 진행되고 있지 않아. 그걸 감안하면 그나마 이렇게 고객 서비스를 하고 있는 것은 기적이나 다름없어. 그리고 고객의 요구에 대한 정보가 전혀 없어. 심지어는 고객들에게 원하는 것이 무엇인지, 가장 시급한 변화가 무엇인지를 물어볼 정도라니까……."

리더는 잠시 말을 멈추고, 컨피던트의 얼굴빛을 살폈다. 아내가 기절을 한다거나 버럭 화를 낸다면 대화를 더 이상 할 수 없기 때문이었다.

"당신 괜찮아?"

리더가 조심스럽게 물었다.

"좋아요. 계속 해보세요."

"그래서 사장에게 요즘 내가 느끼는 문제점을 조목조목 얘기했어. 하는 일 없이 빈둥대며 제대로 평가도 받지 못하고 있는 기분이었거든. 그래서 몸은 이곳에 있지만 오래전에 마음은 떠난 것 같다고도 했어."

리더는 멋진 글귀로 마지막을 장식하듯 말을 끝냈다.

"그래서요?"

컨피던트는 부채질을 계속하며 물었다.

"그러니까, 사장은 내 말을 열심히 들었지! 그리고 내가 한 말을 생각해볼 시간을 달랬어. 며칠 후에 답변을 준다더군."

"사장이 그렇게 말했다고요?"

"물론이야! 아주 진지하게 생각한 게 분명하다구. 사장은 두 가지 조건을 제시했어. 첫째는 고객 관리부장으로 승진을 시켜주겠다더군. 아마 내가 바나나를 따는 것보다 그 일을 더 좋아할 거라고 생각했나봐."

리더는 씁쓸한 미소를 지었다. 사장이 제시한 조건은 듣는 입장에 따라 아주 호의적인 것이었고, 리더의 의견을 진지하게 고민했다는 증거이기도 했다.

"두 번째 조건은 더 굉장해. 다른 부서를 맡으라는 거야. 내가 그 부서를 바꿔놓을 수 있는지 지켜보겠다는 거지."

그러나 리더의 모습에서는 어떤 자부심도 비치지 않았다.

"어떤 부서죠?"

"재무부야. 많은 원숭이들이 회계에 문제가 있다고 생각하고 있거든."

"그래서 당신은 어떻게 생각하는데요?"

"회계에는 아무 문제가 없어. 다만 고객을 만족시키

지 못하니까 회사가 적자를 겪고 있는 거지. 그것도 아주 크게. 그렇기 때문에 회사가 변해야 한다는 게 내 생각이고."

"그럼, 당신은 지금 두 개의 조건을 제안 받았고, 그 중에서 한 개를 결정해야 하는군요. 리더, 두려움보다는 열정에 맡겨보세요."

"무슨 의미지?"

"대부분의 원숭이들은 두 가지 이유에서 결정을 내려요. 하나는 욕구에 의해서죠. 나는 그것을 열정이라고 생각해요. 또 하나는 두려움이구요. 예를 들면, 당신은 바나나공화국에 남는 것을 선택할 수도 있어요. 오랫동안 몸담아 왔던 곳이고, 무엇보다 편하니까요. 그렇지만 아주 불편한 곳이 될 수도 있어요. 당신이 말했듯이 바뀌야 할 것은 많은데 아직은 어떤 변화의 기미도 보이지 않으니까요."

그녀의 이야기는 계속됐다.

"사실 지금은 아주 불편한 곳이라고 하는 게 맞겠죠.

그런데 구미가 당기긴 해요. 한 번도 받아본 적 없는 환상적인 조건을 제안 받았잖아요. 사장이 당신의 이야기를 들어주는 호의를 보이더니 당신에게 또다시 달성해야 할 목표를 주었어요."

아내의 분석은 무척 날카로웠다.

"불확실한 미래를 위해 확실한 것을 포기하고 독립을 하려면 두려움을 느끼게 되죠. 혹시 실패하지 않을까 하는 생각에 안절부절 못하게 되잖아요. 그렇다고 실패에 대한 두려움 때문에 아무것도 하지 않는다면 그 또한 당신을 불편하게 만들겠죠?"

그녀는 거침이 없었다.

"또 다른 길이 있다면 당신의 사업을 시작하는 거예요. 당신의 꿈이 있고, 열정이 있는 사업체를 일구는 거죠. 의욕이 넘쳐 공포 따윈 전혀 끼어들 틈이 없는 그런 회사를요. 어디까지나 당신 마음에 달려 있다고 봐요. 열정이냐 아니면 두려움이냐……."

리더는 그녀의 말을 중단시킬 필요가 있었다.

"내가 결정을 내리는 데 당신이 도와줄 거지?"

그녀는 야릇한 미소를 지으며 대답했다.

"당신은 이미 결정을 내린 거 같은데요?"

"그래, 바로 그거야. 내 열정을 바칠 사업을 시작하는 거야!"

리더는 나무 집을 통째로 흔들며 소리쳤다. 아무것도 얻을 수 없는 직장의 테두리를 벗어날 생각을 하자 심장이 뛰기 시작했다.

"난 자유다, 자유!"

리더는 나무 사이를 날아다니며 격렬한 공중비행을 펼쳤다. 그리고 다시 컨피던트의 옆에 앉았다. 그가 이 대대적인 세리머니를 펼치는 동안 컨피던트는 생각했다.

'리더, 당신은 자유를 얻었지만 가족들은 그렇지 않다구요.'

그녀는 인정하지 않을 수 없었다. 수년 전 리더의 모

습은 누구보다 더 멋있었다. 바로 그 모습을 보고 그녀도 사랑에 빠지지 않았던가!

지금 리더에게는 그때의 열정이 돌아온 것이었다. 불행하게도 그의 월급은 제대로 돌아오지 않겠지만.

그동안 리더는 가정의 든든한 버팀목이 돼주었다. 이제 그녀가 남편의 버팀나무가 되어줄 차례였다. 컨피던트는 리더가 그녀의 바위였던 것처럼 자신도 적극적으로 도와주겠다고 말했다.

'바위라. 꽤 괜찮은데.'

정글에서 전혀 모르는 길을 선택하고 새로운 경험을 하기 시작한 날부터 리더는 변했다. 변화는 모든 일의 시작인 법. 리더는 그날부터 줄곧 생각했다. 처음에는 낯설음에 기가 죽기도 했지만, 곧 자신이 가고자 했던 곳으로 길은 이어져 있음을 깨닫게 되었다. 그리고 그 깨달음 뒤에 얻은 또 한 가지.

"정글에 있는 덩굴조차도 내 회사를 위해서 유용할 거야."

리더의 사업체가 탄생하는 더 없이 행복한 순간이었다. 이제 그는 치열한 정글 세계에서 살아남아야 한다. 물론 그전에 처리해야 할 현실이 남아있기는 하다. 먼저 회사에 이 사실을 알려야 했다. 쯧쯧!

리더는 머릿속에서 모든 구상을 마쳤다. 공포 따위가 끼어들 틈은 없었고 이대로라면 모든 것이 척척 진행될 것이었다.

"뭐라고?"

부장의 첫마디는 무척 신경질적이었다. 그는 바나나 껍질이 수북이 쌓여있는 책상에서 비스듬히 리더를 올려보았다.

'와! 성미하고는! 처음 보는 반응이다.'

"왜 비실비실 웃는 거지?"

부장은 업무 중에 웃는 것을 아주 싫어했다. 특히 월말 매출이 좋지 않을 때는 누구도 미소를 지어서는 안 되었다. 부장은 생각했다.

'이 원숭이는 재무부의 한 자리를 꿰찼어야 했는데.'

리더는 확신에 찬 어조로 회사를 떠나 자신의 열정을 담은 사업을 시작할 것이라고 말했다. 그리고 자신에게 과분한 조건을 제안한 것에 대한 인사도 잊지 않았다. 한 성깔 하는 부장도 명확하게 자기 의견을 말했다.

"안 되네. 자네는 우리 회사 스타직원이 아닌가."

리더는 바나나공화국에 몸담고 있는 동안 이런 말을 들은 것이 처음이었다.

'스타라고?'

물론 이것은 사실이다. 컨피던트도 알고 있다. 그러나 리더는 회사 원숭이들이 알고 있으리라고는 생각지 못했다.

당연한 말이라지만 막상 듣고 나니 리더는 기분이 우쭐해졌다. 하지만 이대로 주저앉을 수는 없었다. 사실 들으나마나 한 소리 아닌가! 리더 자신이 알고 있던 사실을 그들도 알게 된 것뿐이었다. 스타는 도전을 두려워하지 않는 법이다.

"아뇨, 제 생각대로 하겠습니다. 그것이 제가 해야 하는 일입니다."

리더는 마지막 인사를 하며 그동안의 고마움을 전했다. 부장에게 많은 것을 배운 것은 사실이었다. 주로 하지 말아야 할 것들 뿐이지만, 리더는 그 덕분에 회사의 스타가 될 수 있었다.

오랜 세월이 지난 뒤에도 리더의 열정과 용기, 정직함, 날카로운 안목, 유연함, 근면함은 회사에서 전설처럼 전해졌다. 무엇보다 자신의 이름에 절대 먹칠을 하지 않은 인물로 평가되었다. 리더는 자신의 열정을 좇

왔고, 가치를 지켰고, 가족을 사랑했고, 고객에게 감사했고, 날마다 그것을 증명해보였다.

예컨대 회사의 일이 잘못됐을 때 리더는 모든 책임을 자신이 진 후 비난을 받았고, 성과가 좋을 때는 모든 공을 다른 원숭이에게 돌렸다. 또, 성실하지 않은 원숭이들은 서둘러 퇴출시킬 만큼 공정하고 엄격했다.

한편으로 이러한 조치는 퇴출당한 원숭이들에게 좋은 기회가 되기도 했다. 다른 곳에서 자신의 적성에 맞는 일을 찾을 수 있는 계기를 마련해주었기 때문이다.

리더의 추종자들은 회식 자리가 있을 때마다 북을 두드리며 이렇게 말했다.

"우리는 리더와 같은 원숭이를 통해 많은 것을 배워야 하네."

한 번뿐인 인생, 용감하게 My Way!

머리 좋은 리더가 차별화된 자신만의 계획을 가지고 있었던 것은 당연하다.

"차별성이 있어야 돼. 나는 정글의 일반적인 바나나 회사와는 다른 회사를 세우겠어. 정말 특별한 사업을 시작할 거야. 어느 고객이든 우리 바나나를 사지 않고는 못 배기는 회사, 고객에게 존경과 감사를 돌려주는 그런 회사 말이야. 고객은 그들이 원하고 기대하는 가치를 창조하는 우리의 파트너야. 우리는 고객이 어디에서도 경험할 수 없는 서비스를 제공해야 할 의무가 있어. 정글에서 가장 좋은 바나나를 구비해놓는 것은 말할 것도 없는 일이지. 새로운 정글법칙을 세워야 돼!"

리더는 다시 한 번 굳은 결심을 하고 아주 큰 코코넛 잎에 자신의 생각을 새겨 넣었다. 그리고 휴식을 취하는 집 앞 나무에 걸어두었다.

이후 리더는 낮이나 밤이나 그 '코코넛 계명' 을 읽으

면서 마음을 다잡았다. 또, 세상에서 가장 중요한 약속, 바로 자신에게 한 약속을 반드시 지키겠다고 결심했다. 다른 회사와의 차별화를 시도하려면 자신이 무엇을 하고, 하지 않아야 하는지 명확히 알고 있어야 했기 때문이다.

- 우수한 직원과 품격 있는 서비스를 논하지만 좋은 회사를 만들기 위해 노력하는 곳은 많지 않다. 탁월한 행동가, 실력 있는 리더, 의욕 있는 직원들이 오랫동안 일하고 싶어 하는 근사한 회사를 만들기 위한 노력에는 관심을 갖지 않는다.

- 많은 사장들이 직원에게 최대한 많은 것을 위임하고 업무 발전이나 경비 절감, 신뢰 형성, 서비스 개선 등 회사 전반에 관한 의견을 귀담아 들어야 한다고 역설한다. 그러나 정작 직원의 의견은 한쪽 귀로 듣고 한쪽 귀로 흘려버린다.

리더는 다른 회사에 대한 정보를 얻어낼 수 있는 놀라운 방법을 생각해냈다. 바로 아무도 자신을 알아보지 못하게 변장을 하고 경쟁 회사의 매장에서 쇼핑을 하는 것이었다!

리더는 고소득층의 고객으로 변장하기 위해 베드 미

- 고객이 원하고 기대하는 서비스와 가치를 모르는 회사들은 당연히 고객에게 그것을 제공하지 못한다.

- 대다수 회사는 고객이 추구하는 가치와 서비스의 질을 고객에게 묻지 않고 내부에서 임의로 결정한다. 그래서 그들의 서비스와 가치 기준이 얼마나 단순한지, 아니면 감동적인지 파악하지 못한다. 그것이 그대로 고객들에게 돌아간다.

들러(미국의 영화배우 겸 가수. 히트곡 〈더 로즈〉는 전 세계적으로 큰 사랑을 받았다) 브랜드의 윤기 나는 오렌지 가발을 썼다. 그리고 불과 몇 개의 매장을 둘러본 후 경쟁 회사들이 얼마나 터무니없는 잘못을 저지르고 있는지 깨달았다.

간단히 예를 들면, 매장에 들어섰을 때 어느 누구도 고객에게 인사를 하지 않은 점이다. 바나나를 사는 고

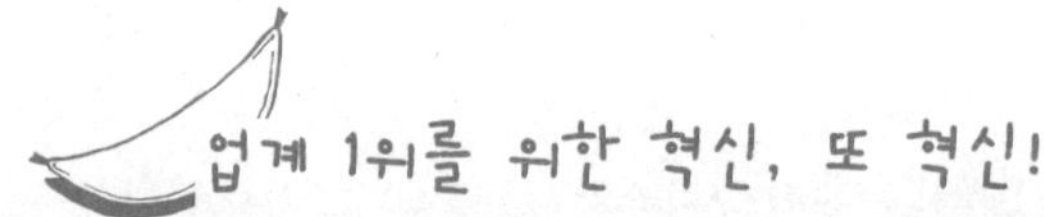

- 언제나 밖으로 뱉은 말을 행동으로 옮긴다.
- 고객은 가치를 창조하는 공동 창업자 또는 파트너로 생각한다.
- 새로운 정글법칙을 바탕으로 고객 서비스와 기대 가치를 세우고, 고객이 어떤 존재인지 분명하게 인식한다. 그렇게 되면 단 한 개의 바나나를 사는 고객도 왕족과 같이 모시게 된다.
- 고객에게 어디에서도 경험하지 못한 서비스를 제공한다.

객에게 미소는 고사하고 '감사합니다' 인사하는 직원이 한 명도 없었을 뿐만 아니라, 매장 내부에는 '저희 매장을 찾아주셔서 감사합니다' 고 적어놓은 코코넛도 준비되어 있지 않았다.

얼마나 어리석은가! 고객과 신뢰를 쌓고 유지할 수 있는 너무나 간단하면서도 쉽고 중요한 행동을 그들은 간과하고 있었다. 멍청한 원숭이들이나 하는 어이없는

- 경쟁 회사들이 미처 생각하지 못한 아주 작은 부분에 관심을 갖는다.
- 정글의 평범한 일상에 변화를 줄 수 있도록 서비스의 질을 높인다.
- 직원들의 의견에 즉각적이고 투명한 조치를 취한다.
- 직원들의 노고와 뛰어난 성과에 포상을 준다. 직원들을 쥐어짜기 위해서가 아니라 더 많은 에너지를 주기 위해서이다.

일이 아닐 수 없었다.

리더는 비밀스런 쇼핑객으로 변장한 채 계속 매장들을 순례했다. 그리고 수많은 어처구니없는 바보짓을 목격했다.

'그렇다면 한번 해볼 만하겠군!'

아주 흥미로운 것들이 많이 발견됐다. 결과도 가관이었다. 경쟁 회사들은 누구나 조금만 관심을 기울이면 알 수 있는 것들을 놓치고 있었다.

이른바 잘 나간다는 회사의 직원들은 하나같이 우스꽝스러운 모자를 쓰고 있었다. 정글에서 운영 중인 매장을 돌아보면서 리더는 업계에서 선두 자리를 차지하려면 무엇이 필요한지 확실하게 알게 되었다.

이로써 리더의 환상적인 회사가 출범했다. 그의 목표는 단 하나, 정글에서 어느 회사도 쫓아오지 못하는 요지부동의 위치를 차지하는 것이다. 리더는 아내 컨피던트의 도움을 받아 새로운 정글법칙을 짧고, 간단하고, 유쾌하게 다듬었다. 그리고 수북이 모은 야자수 잎을 7등분한 후 새로운 정글법칙 7개를 야자수 한 장에 하나씩 적었다.

리더는 자기가 고용한 모든 원숭이들에게 이 잎을 나누어주고자 했다. 이것을 보며 새 직원들이 고객을 위한 서비스와 그 실천 방법을 진지하게 고민하게 될 거라 기대했다. 뿐만 아니다. 리더가 세운 그 7가지 원칙은 여느 회사보다 품격 있고 실행하기 쉽고 편한 서비스를 만들어내야 하는 중책임을 맡았을 때도 매우 유용할 것임에 틀림없었다.

컨피던트도 새로운 정글법칙을 대대적으로 환영했다. 확실히 복잡하고 까다로운 절차를 거쳐야 했던 바나나공화국의 법칙보다는 정직하고 힘이 있었다.

리더는 미래의 직원들에게 그들이 하는 일에 대해 분명한 비전을 제시해주겠다고 결심했다. 직원들이 회사의 비전을 그려보기도 어렵지만, 자기 자신의 비전을 생각하지 못하는 경우도 적지 않은 까닭이었다. 리더는 직원들이 열정을 느끼고, 의욕을 가질 수 있도록 동기를 부여하고자 했다. 또한 그들이 일하는 도중 느끼는 문제점에 투명하고 즉각적인 조치를 취하겠다고 마음먹었다. 그는 직원들의 노력이 크고 작든 그에 대한 고마움을 전하는 것을 잊지 않으면서도 모든 성과가 상사 한 명의 공로가 되지 않게 할 생각이었다.

리더는 이 같은 조치로 인해 차별화된 직원들의 태도는 이 정글에서 분명히 경쟁력이 있다고 확신했다. 곧장 밖으로 나가 가장 큰 야자수 잎을 딴 리더는 그 위에 바나나 업계에서 수익을 올리고 성공할 수 있는 방책과 살아남을 수 있는 원동력이 무엇인지에 대한 자신의 생각을 적었다.

그것이 곧 리더가 새로이 만든 '정글법칙' 이었다. 이후 오늘날까지 사업을 하는 원숭이라면 리더가 만든 이 정글법칙을 읽고 큰 깨달음을 얻었다. 리더가 세운 '정글법칙'은 정직과 깊은 신뢰를 바탕으로 계층별 고객 감동을 이끌어내는 전무후무한 원칙으로 남게 되었다.

|몽키 비즈니스의 목표|

고객이 원하는 가치를 충실히 따르며 직원이 일하기 좋은 기업을 만든다.

|몽키 비즈니스의 가치|

- 강한 신뢰
- 가치를 창조하는 파트너로서의 고객 서비스
- 감동을 주는 서비스
- 정글 사회로의 부(富) 환원
- 창의적인 생각
- 즐거운 일터

|몽키 비즈니스의 문화|

일류, 열정, 감성, 체험, 목표

|몽키 비즈니스의 경쟁력|

고객 또는 동료들과 진실한 유대관계를 맺고 신뢰를 바탕으로 오랫동안 유지한다. 이후 감정을 공유하는 사이로 발전한다.

☆ 꿈을 이루어주는 7가지 정글법칙

여기 정글에서 통하는 '법칙'을 배우고 따라하라. 비즈니스라는 게임에서 승리하고, 성공을 맛볼 수 있을 것이다.

하나, 회사의 계명을 세워라

회사의 계명은 자신과 고객에게 하는 약속이다. 모든 직원은 이 계명을 만드는 데 참여하고 그 권위를 지켜야 한다.

|경영 원칙|

- **회사가 사원에게 하는 맹세** : 우리는 직원이 일하기에 가장 좋은 회사를 만들 것을 약속한다. 직원을 존중하고 품위 있게 대하며 인간적이고 의미 있는 관계를 만들어나간다.
- **직원이 고객에게 하는 맹세** : 우리는 고객의 가치를 추구하기 위해 고객 가장 가까이에서 고객을 모실 것을 약속한다. 고객을 존중하고 품위 있게 대하며 인간적이고 의미 있는 관계를

만들어나감은 물론, 최상의 제품과 서비스를 제시간에 합리적인 가격으로 제공한다.

혹은 그냥 간단하게 '고객이 우리를 필요로 할 때마다 언제나 그 곁에 있을 것을 맹세한다' 고 정할 수도 있다.

|실천 원칙|

우리의 매장에 자주 오는 고객의 이름을 외워라. 그들은 자신의 이름을 듣는 것을 좋아한다. 그리고 눈을 마주쳐라. 그렇지 않으면 고객은 당신을 신뢰하지 않는다.

예컨대 평상시 고객이 매장을 방문했을 때 '안녕하세요. ○○○ 씨. 오늘도 저희 매장에 찾아주셔서 감사합니다! 언제든 정성껏 모시겠습니다' 고 반갑게 인사하는 습관을 들이려 노력하라.

둘, 모든 팀 사이의 연결고리들을 점검하라

가치는 아무 원숭이나 만들 수 있는 것이 아니다. 가치는 감동이며 고객은 자신이 받은 감동은 절대 잊지 않는다.

|경영 원칙|

고객과 직원은 우리가 실현해야 할 가치를 만들어내는 공동 창조자이다. 모든 팀들은 서로 긴밀히 연계하여 이 가치를 실현시키도록 한다. 고객에서 서비스 센터로, 다시 바나나 수집팀으로, 재정팀으로, 마케팅팀으로의 순환이 원활히 이루어져야 한다.

우리의 비전은 우리가 만들어야 한다. 업무 고리에 생긴 균열을 찾아내고 작은 실수가 큰 피해를 낳지 않도록 막아야 한다. 그렇지 않으면 우리의 명예와 자긍심에 씻지 못할 상처를 남길 것이다. 해결해야 할 문제가 발생했다면 잘잘못을 따지지 말고 그 상황에만 집중하라. 그리고 어떻게 다시 고객의 마음을 사로잡을 것인지 고심하라. 그 다음에 우리의 최종 목표인 고객이 원하고 기대하는 서비스와 가치를 실현시키기 위해 노력하라.

|실천 원칙|

"○○ 씨 참는다고 해결되나요? 지금 당신은 심각한 문제를 외면하고 있어요. 동료 ○○가 적절치 못한 행동을 하고 있다는 것을 잘 알고 있을 거예요. 그가 고객이나 동료에게 짜증내거나 무례하게 대하는 것이 '아침형 원숭이' 가 아니어서라는 것은 이유가 되지 않아요. 모두에게 존중과 품위를 지키는 것은 직원의 의무입니다. 오늘 그와 이 문제에 대해 이야기를 나눌 수 있겠죠?"

셋, 황금관계를 맺어라

고객은 어디서든 일정 정도의 서비스를 받는다. 그러므로 다른 회사와 차별화된 전략이 있어야 한다. 끊임없이 고객을 놀라게 하고 기쁘게 만들어 그들의 얼굴에서 웃음이 떠나지 않게 하라. 서비스에 만족한 고객은 반드시 다시 찾아온다. 이것이 '황금관계' 이다.

|경영 원칙|

"이런 서비스는 정말 생각지도 못했어요!" "내가 기대한 것이 바로 이거예요!" "이것이 정글에서 이 매장을 다시 찾는 이유죠!" 고객이 매장의 문을 열고 나가며 이런 생각이나 말을 하지 않는다면 우리는 황금관계를 맺지 못한 것이다.

|실천 원칙|

"○○○ 씨 안녕하세요! 저희 몽키 비즈니스를 찾아주셔서 감사합니다. 오늘 아침에 구운 신선한 바나나 쿠키가 있어요. 당신과 가족들에게 아주 좋은 선물이 될 거예요."

넷, 고객과의 관계를 최우선으로 하라

고객과의 관계는 점점 중요해지고 있다. 그럼에도 비인간적이고 무심하고 무례한 태도로 고객을 대하는 직원들이 있다. 우리는 그런 직원을 용납하지 않는다. 황금관계를 찾는 사냥꾼만이 살아남을 수 있다.

|경영 원칙|

우리의 직원은 의미 있고 잊을 수 없는 서비스로 고객과 건강하고, 지속적인 관계를 맺는다. 그들이 맺은 황금관계는 고객의 발걸음을 다시 매장으로 돌리게 할 것이다. 또한 회사의 수익을 올리고 그들의 지위를 안전하게 한다. 그로써 회사와 직원은 '윈윈' 관계를 맺는다.

|실천 원칙|

“어서 오세요, ○○ 씨. 편안한 쇼핑이 되도록 최선을 다해 도와드리겠습니다.”

고객이 매장에 들어섰을 때 6~7초 안에 인사하라. 그리고 고객의 눈동자 색깔을 알아차려라. 말인즉, 고객과 눈을 마주쳐야 한다는 것이다. 인사는 고객과 신뢰를 쌓는 첫 단계이다.

첫인상은 언제나 중요하다. 아마 처음 만난 원숭이에게 엉덩이를 흔들어대는 원숭이는 없을 것이다. 먼저 고객에게 해줄 수 있는 것을 말하라. 할 수 없다거나 찾을 수 없거나 대답하지 못하겠다는 말은 가급적 피하라. 그리고 고객이 원하는 것을 말했을 때에는 손가락으로 가리키지 말고 직접 안내하라. 고객이 스스로 알아서 해야 한다면 당신이 이곳에 있을 이유가 없지 않은가. 다음과 같은 경영 원칙을 마음속으로 되뇌어보라.

‘우리는 인간적이고 성실한 자세로 동료와 고객을 대함으로써 황금관계를 맺는다. 이것이 존경과 품격을 표현하는 방법이다.’

다섯, 고객의 존재 가치를 높여라

모든 고객은 어디서나 중요하고 가치 있고 존경받고 인정받는 원숭이이기를 원한다. 불평 많고 까다로운 고객이나 지적 사항이 많은 사장도 마찬가지이다. 그들은 직원인 당신의 이해와 관심, 존중으로만 존재할 수 있는 것이다. 그들이 원하는 것을 줘라. 그들의 존재 가치를 높여라.

|경영 원칙|

동료나 고객이 마치 '욕 퍼붓기 대회' 라도 나온 듯이 당신을 대한다면, 그들에게 오늘 아주 안 좋은 일이 생긴 것이라고 생각하라. 그리고 그들의 기분을 풀어줄 방법을 모색하라. 개인적인 감정으로 대하지 말고, 그들은 언제나 인정받기를 원한다는 것을 다시 한 번 생각하라.

|실천 원칙|

"안녕하세요, ○○○ 씨. 오늘 기분이 안 좋아 보이는군요. 제가 도와드릴 게 없을까요?"

여섯, 무한 책임 서비스를 보장하라

고객의 문제, 요구, 불평을 모두 수용하라. 바나나를 찾고 있는 고객을 보았다면 단숨에 그 곁으로 날아가 바나나 진열대로 안내한 뒤 최상의 바나나를 추천하면 된다. 직원으로서 당신이 책임져야 할 일은 다름 아닌 고객이다. 혹시 지금 당장 급한 일을 처리해야 한다면, 고객을 도와줄 다른 직원을 찾아라.

|경영 원칙|

누구나 실수를 한다. 나도 동료도 회사도 실수를 할 수 있다. 이때 서비스를 통해 그 위기를 극복하는 것이 성공의 노하우다. 고객의 불만이나 불편사항, 요구가 있다면 모든 방법을 동원해서 빠르고 정확하게 해결하라. 하지만 절대로 건성으로 '죄송합니다' 라는 인사는 하지 마라. 이보다 더 무성의해 보이는 일은 없다.

|실천 원칙|

"안녕하세요, ○○○ 씨. 실망을 시켜드려서 죄송합니다. 무슨 일 때문인지 말씀해주시면 곧바로 시정하겠습니다."

일곱, 열정적인 하루를 보내라

당신의 열정을 다른 원숭이에게 전염시켜라. 그것은 긴 대나무를 세우는 것과 같이 어려운 일이다. 그러나 하루하루 최선을 다한다면 언젠가는 반드시 그 꼭대기에 오를 수 있다.

|경영 원칙|

매일 아침 열 개의 '조약돌'을 모아라. 그리고 동료나 고객에게 당신의 에너지를 나눠줄 때마다 한 개씩 버려라. 하루가 끝나고 당신 주머니에 한 개의 '조약돌'도 남아 있지 않다면 그날 하루 최선을 다한 것이다.

|실천 방법|

"도마뱀 씨가 입은 녹색 셔츠에 찬사를 보낸 것은 아주 잘한 일이야. 그도 기분이 아주 좋았을 거야."

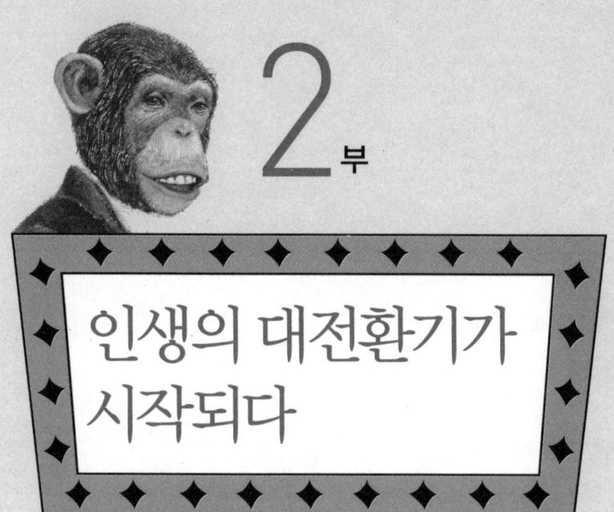

2부

인생의 대전환기가 시작되다

우리가 꿈꿔왔던 '몽키 비즈니스'

리더는 새로운 정글의 법칙을 만들어냄으로써 모든 준비를 마쳤다. 그에게는 무척 흥분되는 순간이었다. 고객에 대해 이렇게 강한 애정을 가져본 적이 없었다. 그는 당장 일을 시작하고 싶어 몸이 근질근질했다.

아내 컨피던트의 조언에 따라 리더는 자기가 몸담았던 회사인 바나나공화국의 고객들에게 자신의 창업을 알렸다. 그를 신뢰하던 고객들이 찾아와 그의 새로운 출발을 지켜보기를 원했다.

사실 리더는 바나나공화국에 대한 아쉬움이 아직 남

아 있었다. 자신을 이해하지 못했을 뿐, 바나나공화국은 아주 좋은 회사였고 그에게 합당한 대우를 해주었다.

드디어 개업식 날이 됐다. 리더를 아는 고객들이 줄을 서서 몽키 비즈니스의 문이 열리기만을 기다리고 있었다. 그들은 적어도 아홉 마리의 원숭이에게는 리더의 새로운 매장을 이야기한 듯했다.

고객뿐 아니라 친구, 이웃들도 찾아왔다. 매장은 금세 인산인해를 이루었고, 리더는 인생 최고의 날을 맞았다. 그날 리더의 매장을 찾은 고객들은 리더의 원칙대로 정

글에서 최고로 훌륭한 서비스를 받았다.

같은 값에 최고의 서비스를 제공하는 매장을 마다할 고객이 있을까? 몽키 비즈니스는 무서운 속도로 성장했다. 얼마 지나지 않아 고객이 바나나 찾는 것을 도와줄 두세 명의 직원이 필요하게 될 정도였다.

몽키 비즈니스에서는 벼룩시장에 구인 광고를 냈다. 그러자 다음 날 수십 통의 이력서가 들어왔다. 이것을 본 리더는 깜짝 놀랐다. 흥미롭게도 신청자 중에는 다른 동물들도 있었다. 꿈을 실현할 기회를 찾는 동물도 있었고, 단순히 직장을 찾는 신청자도 있었다.

리더는 지원자들을 모두 불러 면접을 보았다. 몽키 비즈니스에 적합한 동물을 찾아내는 것은 그리 어렵지 않았다. 리더가 눈여겨보는 것은 명확히 정해져 있었기 때문이다. 어떤 원숭이는 교묘히 모습을 감춘 '슬리자드' 와 같았다. 아둔하고 입이 가벼워 어떤 정보든 흘리고 다니는 동물 말이다.

신청자 중에는 뱀도 있었다. 그들은 회사 주변을 어슬렁거리며 분위기를 흐릴 뿐 아니라 직원들의 사기를 떨어뜨리는 치명적인 독을 품고 있었다. 리더는 정글에서 제법 유명한 동물인 코브라도 만났다. 하지만 코브라는 리더에게 아주 큰 실수를 했다. 자신이 전 회사에서 해고된 첫 번째 직원이라고 말한 것이다. 그는 자신의 실수를 깨달은 듯 늦게나마 회사에서 발행하는 건강 전문잡지가 자신의 이름을 딴 〈코브라〉인 것을 자랑스럽게 생각한다고 말했지만, 물은 이미 엎질러진 뒤였다. 리더는 코브라와 뱀, 그리고 슬리자드를 목록에서 제외했다.

이어서 리더는 아주 흥미 있는 동물, 표범을 만났다. 윤기 있는 털이 아주 매력적인 그녀는 한동안 게임에 대해 많은 이야기를 했다. 그리고 자신이 가장 관심을 갖는 취미로 주제를 바꿔 이야기했다.

“저는 사냥을 좋아해요. 이 회사에서 휴가는 얼마나

받을 수 있나요?"

표범은 리더가 찾는 그런 동물이 아니었지만 리더는 혹시 있을지 모르는 '보석 같은 인재'를 찾기 위해 다른 표범들도 면접을 봤다. 간혹 훌륭한 표범들도 있었다. 그러나 그 표범들이 절대로 자신의 '점박이 무늬'를 바꾸지 않을 거라는 사실은 분명했다. 표범은 표범일 뿐이었다.

리더는 두 마리의 코끼리와도 면접을 보았다. 대화를 나누려면 그들의 머리에 앉아야 했지만, 코끼리들은 아주 좋은 인상을 남겼다. 대부분의 원숭이들은 코끼리의 머리가 큰 만큼 두뇌도 무척 좋을 거라고 착각했다. 그

러나 바나나공화국의 중역 회의에 참석했던 리더는 그런 잘못된 인식이나 오해 따위는 없었다.

잠시 코끼리들과 대화를 나눈 리더는 이 덩치 큰 친구들이 아주 신선하게 느껴졌다. 또한 어느 상황에서도 돌파구를 찾아낼 지혜로움도 발견할 수 있었다.

리더가 코끼리들에게 '바나나 업계에서 나무를 타는 것은 아주 기본적인 사항인데, 당신들은 무슨 준비가 되어 있는' 지 물었을 때였다. 코끼리들은 아주 경쾌한 목소리로 이렇게 대답했다.

"우리들의 바나나 따기 작업은 공동으로 이루어질 겁니다. 거미원숭이가 맛좋은 바나나를 따오면, 우리가 코를 이용해 강력한 물줄기를 뿜어 깨끗이 닦을 수 있죠. 물론, 무거운 바나나 다발을 매장으로 쉽게 옮겨줄 수도 있구요."

코끼리들은 리더가 심사숙고를 하는 동안 꼬리를 흔들며 침착하게 기다렸다. 리더는 이보다 잘 짜인 팀은 없으리라고 생각했고, 한편으로 바나나공화국 시절의

일을 떠올렸다.

'흐음, 그렇군! 깨끗한 바나나는 모든 계층의 고객들의 마음을 끌 수 있어. 그런데 왜 바나나공화국에서는 바나나를 깨끗하게 씻지 않았을까?'

생각은 꼬리에 꼬리를 물고 이어졌다.

'우리 고객들은 아주 건장한 코끼리들이 씻어주는 깨끗한 바나나를 구입하게 될 거야.'

리더는 그 자리에서 코끼리들을 고용했다. 그리고 원숭이를 고용하겠다는 처음 계획을 백지화시켰다.

리더는 자신의 회사를 '몽키 비즈니스'라고 불렀지만, 그렇다고 해서 원숭이만 직원으로 고용하겠다는 생각이 얼마나 잘못된 것인지 깨닫게 되었다. 현명한 두 마리의 코끼리 덕분에, 직원들을 각자 자신의 능력에 맞는 곳에 배치하는 것이 얼마나 중요한지 알게 된 것이다. 이와 같은 그의 생각은 면접을 보는 동안 계속되었다.

하이에나 면접을 볼 때였다. 그들은 면접을 보는 내내 장난을 치며 키득거렸다. 한 하이에나는 아주 심한 농담을 했는데, 유머러스하지도 않았을 뿐 아니라 직장에서는 아주 부적절한 말이었다. 면접이 끝났는데도 장난을 치는 그들을 보고 리더는 웃음밖에 나오지 않았다.

다음으로 사자 한 쌍이 위용 있는 모습으로 나타났다. 수사자는 정글의 왕답게 멋있는 갈기를 뽐내듯 들어왔고, 암사자는 크고 하얀 앞니를 드러낸 채 천천히

들어왔다. 그런데 이런 위압적인 외모에도 불구하고 사자들은 입을 벌릴 때마다 거짓말을 쏟아냈다. 거짓말을 할 때마다 돌아가는 그들의 누런 눈동자가 현기증이 날 정도였다.

리더는 장황하게 늘어놓는 사자들의 허풍에 지쳐 진실에 대해 이야기했다. 어쩌면 사자들로서는 이해하기에 몹시도 벅찰지 모를 진실을 말이다.

"곰곰이 생각해보세요. 다시는 나를 만날 일이 없을 테니."

사자들의 이야기는 그것으로 완전히 끝이 났다. 한참 동안 면접을 보던 중에 리더는 원세로의 점심 초대를 받았다. 그는 트럼펫 연주를 좋아하며 자신을 '맥가이버' 라고 소개했는데, 배가 고팠는지 엄청난 식성으로 모든 접시의 음식을 먹어치웠다. 그리고 식사 내내 회사의 중대한 문제와 사사건건 참견하는 상사, 나태한 직원, 코딱지만한 사무실에 대해 끊임없이 불평을 늘어놓았다.(이 대목에서 그는 케이크 한 조각을 먹었다.) 그리고 자신은 아무리 발버둥 쳐도 사장이 되지 못한다는 사실을 한탄했다.

❧

치타를 만나게 될 순서였다. 리더는 지구상에서 가장 빠른 두 마리의 치타를 만날 생각에 전율을 느꼈다. 온 신경이 짜릿짜릿 반응을 보내자 리더는 속으로 중얼거렸다. 그리고 반들반들 윤기 나는 치타 두 마리가 매장 주변을 뛰어다니며 무슨 일이든 신속하게 처리하는 것

을 상상해보았다.

'좋은 징조야. 한 마리의 치타만으로도 굉장할 텐데, 그것도 두 마리의 치타라니!'

리더는 치타의 활약상에 큰 기대를 걸며 치타들과 깊은 대화를 나눴다. 그중 한 마리가 말했다.

"저희는 지난 회사의 주식을 75퍼센트나 상승시켜놓았죠!"

"아니! 그게 정말입니까?"

리더에게 그보다 더 반가운 이야기는 없었다. 리더가 묻자 다른 한 마리의 치타가 의기양양하게 응수했다.

"그럼요. 정말 돈을 긁어모았죠!"

느낌이 별로 좋지 않았다. 리더의 아버지는 오래전부터 교활한 동물은 절대 가까이 하지 말라고 수도 없이 말했다. 리더는 더 생각할 것도 없이 그들을 돌려보냈다.

다음 날 이른 아침, 리더는 몸 색깔이 요란한 카멜레온을 만났다. 그녀는 상대방이 하는 대로 따라 하길 잘했는데, 리더가 이야기를 듣는 중간에 머리를 오른쪽으로 돌리면 그녀도 똑같은 방향으로 머리를 돌리곤 했다.

'바로 이거야!'

리더는 쾌재를 불렀다.

그런데 리더가 고객 서비스에 대한 생각을 묻자 웬일인지 카멜레온은 얼굴을 붉히며 안절부절 하지 못했다. 그녀는 이 문제에 대해서 단 한 번도 생각하지 않은 듯이 보였다. 자신이 궁지에 몰렸다고 생각한 걸까?

잠시 후 그녀는 급하게 서비스 철학을 만들어냈다. 리더는 그녀의 말을 수긍할 수 없어 반박했고, 그녀는 지지 않고 큰소리로 받아쳤다.

아주…… 힘든 면접이었다. 그러나 리더는 언젠가 회사에 맞는 좋은 직원을 만날 수 있으리라는 믿음을 버리지 않았다.

그라젤의 면접이 있던 날이다. 리더는 세계 일주를 하고 돌아온 그라젤에게 많은 기대를 하고 있었다. 그

녀는 자신이 잘할 수 있는 일을 간절히 바랐고, 일을 할 수 있다는 것만으로도 감사하게 생각했다.

이윽고 그라젤이 작지만 우아한 자태로 미끄러지듯 들어왔다. 그녀는 자신감이 충만해보였다.

"오랫동안 좋은 회사에서 일할 기회를 찾고 있었습니다. 이 방면에 관해서는 많은 공부를 했고 사장님께서 원하시는 일도 알고 있습니다. 그래서 이곳, 몽키 비즈니스의 문을 두드렸지요."

그녀의 대답은 음악같이 들렸지만 뒤쪽으로 뾰족 솟아난 뿔이 계속 눈에 걸렸다. 그녀도 리더의 시선을 알아차렸다.

"예쁘지 않나요?"

그라젤이 미소를 띠며 말문을 열었다.

"이 뿔이 있기 때문에 저는 앞으로 뿐만 아니라 뒤로도 눈썹이 휘날릴 정도로 빠르게 움직일 수 있어요. 제가 바나나 배달을 하게 되면, 고객들이 생각하는 것보다 훨씬 빠르게 도달할 수 있게 되지요. 실수로 바나나 하나를 매장에 빼놓고 나갔다고 해봐요. 저라면 빠르게 뒷걸음 쳐서 그 시간을 만회할 수 있을 겁니다."

그라젤의 긍정적인 태도와 빠른 서비스에 대한 투철한 의식은 아주 매력적이었다. 그리고 그녀는 말끝마다 "당신" 고객이 아닌 "우리" 고객이라고 말했다. 리더는 망설이지 않고 그라젤과 십여 명에 이르는 그녀의 친척까지 회사의 주문 시스템에 고용했다.

리더가 그날 만난 마지막 지원자는 가장 기이한 인물이었다. 그는 네 개의 다리를 가진 동물이었다. 그것까지는 좋았다. 그의 온몸은 붉은 반점과 검은 줄무늬, 노랗고 파랗고 하얀 단추로 뒤덮여 있었다. 게다가 몸집은 산만하고 눈은 보라색을 띠고 있었는데 그 가운데에는 황금색 눈동자가 박혀 있었다.

리더는 처음 보는 이 광경에 어안이 벙벙하면서도 묘한 관심이 생겼다. 형형색색의 지원자가 말했다.

"안녕하세요. 제 이름은 퀵스입니다. 저는 정말 이곳에서 일을 하고 싶습니다."

"이 회사에서 무슨 일을 할 수 있습니까?"

"사장님은 많은 일을 준비하고 계시더군요. 제가 바로 전천후 만능맨입니다. 사장님이 찾는 바로 그 인물이죠."

'내가 필요한 건 지금 달콤한 낮잠일세. 자네와 면접을 보는 게 아주 힘들군.'

리더는 속으로 생각했다.

"게다가 저는 바나나를 아주아주 사랑합니다. 정글 어디서나 바나나만 있으면 무엇이든 만들 수 있죠."

"그나저나 당신은 어떻게 그런 이름을 갖게 된 거죠?"

리더의 질문에 그가 대답했다.

"제가 만든 바나나 쿠키를 한번 드셔보시죠."

말이 떨어지자마자 이 요란한 사나이는 맨 꼭대기에

있는 노란 단추를 밀었다. 그리고 부드럽고 따뜻한 바나나 쿠키를 꺼냈다.

"아주 맛이 좋군."

맛을 본 리더는 깜짝 놀랐다.

"고객들에게 사장님의 매장에서 산 바나나로 만들 수 있는 요리를 직접 보여준다고 생각해보세요. 고객들은 이 특별한 서비스를 무척 환영할 거예요. 이것은 다른 경쟁 회사들을 확실히 앞서갈 수 있는 차별화된 전략이죠. 덩달아 바나나 매출도 늘어날 거고요."

리더는 퀵스의 눈동자가 반짝 빛나는 것을 보았다.

"그 보물 상자 안에는 또 무엇이 있습니까?"

"아, 예. 노란 단추 안에는 바나나 파이와 바나나 쿠키가 몇 개 더 있습니다. 또 갈색 단추 안에는 바나나 빵이 있지요. 하얀 단추 안에서는 바나나 팬케이크가 익고 있는데, 그 위에는 크림을 얹을 예정입니다. 파란 단추 안에는 아주 좋은 바나나 조각이 들어 있어요. 차갑게 저장해야 하는 재료는 이곳에 넣어둔답니다."

그는 하루 종일 바나나만 생각하는 것에서 그치지 않고, 자신을 온통 바나나로 도배를 하고 있었다!

"그동안 줄곧 생각해왔습니다. 매장 옆에 식료품 가게를 내도 좋을 것 같아요. 바나나로 요리를 하려면 다른 재료들도 필요하니까요. 아, 아이스크림 가게는 어떨까요?"

확실히 그는 원숭이들의 발걸음을 분석하는 데 일가견이 있었다. 그래서인지 그의 양쪽 발에는 진한 녹색의 날개가 달려있었다.

"제가 만든 바나나 아이스크림을 먹어보세요. 이런 맛은 처음일 거예요."

그의 날개가 팔랑팔랑 움직였다.

퀵스는 시원한 재료를 보관하는 커다란 파란 단추에 손을 넣어 달콤하고 부드럽고 노란 바나나 아이스크림 두 개를 꺼냈다. 그의 말이 맞았다. 이렇게 맛있는 아이스크림은 처음이었다.

"정말 대단해! 그리고 이 콘도 마음에 드는군요."

퀵스가 직접 코코넛을 파내고 콘을 만들었다고 했다.

"그럼 코코넛은 어떻게 했나요?"

"당연히 코코넛 아이스크림을 만들었죠. 원하신 게 또 있나요?"

무지막지하게 크고 기괴하던 동물이 단숨에 몽키 비즈니스의 '스타직원'으로 대변신하는 순간이었다. 이제 머지않아 퀵스와 바나나를 깨끗하게 세척할 코끼리, 상냥한 그라젤과 그의 친척들이 몽키 비즈니스에서 함께 일을 하게 된다. 얼마나 환상적인 조직인가! 그 전에 리더는 견고한 경영팀을 꾸려야 했다.

죽이 잘 맞는
업무 파트너를 찾아라

리더는 경영팀에 적합한 후보들의 이력서를 따로 모아두었다. 그들 중에는 엷은 털의 원숭이, 어둡거나 황금색인 원숭이, 화려한 붉은색이 눈에 띄는 원숭이도 있었다. 하지만 모두 거미원숭이들이었다.

어떤 원숭이는 키가 크고 여윈 반면, 어떤 원숭이는 작고 오동통했다. 또 어수룩해 보이는 원숭이, 까다로워 보이는 원숭이, 무던해 보이는 원숭이도 있었다. 안경을 쓴 원숭이, 콧수염을 기른 원숭이(여자 원숭이 중에도 있었다), 깔끔하게 면도를 한 원숭이 등 그 모습이 천

양지차였다.

리더는 그중에서 몇 명의 원숭이에게 호감을 느꼈다. 그들은 자신처럼 머리 회전이 빠르고 예리하며 자유자재로 꼬리를 움직일 줄 알았다. 그야말로 생기가 넘치는 원숭이들이었다.

이 특별한 원숭이들은 무엇보다 왜 고객을 왕족과 같이 대해야 하는지 알고 있었다. 바로 리더 자신처럼.

"그래, 이 원숭이들이야!"

리더는 기쁨을 감출 수 없었다.

"이들은 코끼리나 그라젤과 척척 호흡을 맞춰 일을 할 수 있을 거야."

특히 두 명의 원숭이가 마음에 들었다. 둘 다 강인하고 민첩한 남자 원숭이들이었는데, 그들은 리더처럼 유머 감각이 있었다. 다른 직원들과 지내는 데 별문제가 없을 듯했다.

원숭이들은 리더에게 없는 재능을 가지고 있기도 했다. 한 원숭이는 숫자에 아주 밝았고, 나머지 원숭이는 글과 영상에 감각이 있었다.

'숫자에 밝은 원숭이에게는 재정팀을 맡기자. 다른 원숭이는 마케팅을 담당하면 되겠군.'

리더는 나름대로 업무 배치에 대한 구상을 잡았다.

'모두 물렁물렁한 인물들은 아니야. 그런 직원은 필요 없지. 또, 나랑 비슷한 구석도 있지만 다른 면도 있어. 그게 더 마음에 드는군.'

모든 게 생각대로 진행되었다. 무엇보다 실력 있고 강직한 참모들을 옆에 두게 되어 마음이 든든했다. 그들은 리더의 가치와 확고한 의지를 함께 공유할 뿐만 아니라 그의 단점도 덮어줄 것이다. 집으로 돌아가는 리더의 발걸음은 무척 가벼웠다.

'컨피던트에게 이 사실을 말하면 틀림없이 무척 기뻐할 거야.'

그러나 그녀의 반응은 의외였다.

"안 돼요!"

컨피던트는 리더의 계획이 적절하지 않은 이유에 대해 성의껏 설명했다. 말인즉, 서로 긴밀하게 협력하는 회사 분위기를 만들려면 경영진에 현명하고 똑 부러진 여자 임원이 있어야 한다는 것이었다.

"여자 임원은 남자들과 달라요. 회사를 키우는 것은 물론, 모든 직원들이 열심히 일하고 즐거움을 느끼는 매력적인 회사를 만들려면 당신은 남자와 여자 모두가 필요해요."

여자 임원이 필요한 이유는 그뿐만이 아니라고 했다.

"그리고 내가 아는 한 여자들은 관계를 무엇보다 중요하게 생각해요. 그녀들은 가슴에서 우러나오는 리더십을 펼치죠. 그래서 지금 정글에는 감성이 풍부하고 직관력 있는 여성 리더들이 필요하다고 말하는 원숭이들이 늘고 있어요."

컨피던트가 이렇게 강하게 자신의 의견을 말하는 것은 처음이었다.

"리더, 잘 생각해보세요."

리더는 일주일 동안 다섯 명의 거미원숭이를 면접 봤다. 물론 모두 여자 원숭이였다. 그중 세 명은 숫자에 능했고, 두 명은 글과 영상에 대한 감각이 좋았다.

최종적으로 그는 자신의 아내와 닮은 한 명의 여자 원숭이를 선별했다. 똑똑하고 감각적이고 창의적이면서 맺고 끊음이 분명한 여자였다. 리더가 물었다.

"어떤 상품을 특화시켜야 하겠습니까?"

"관계입니다."

이 대답이 그녀를 최종 낙점하게 만들었다.

바나나 모양으로 벌어지는 그녀의 웃음으로 이 '거래'는 완성되었다.

전설의 원숭이 3인방

재정 팀장 그리고 마케팅 팀장과 함께 출항을 시작한 몽키 비즈니스는 곧 정글에서 큰 관심을 받았다. 정글의 원숭이들은 그들을 떠오르는 '재계의 3인방' 이라고 불렀다.

재정 팀장은 리더와 같이 강직하고 논리적이며 집중력이 좋은 남자 원숭이였다. 둘은 모두 숫자 1을 좋아했다. 그래서 학창 시절에도 1등을 놓친 적이 없었으며 그들의 꿈은 '1등 회사' 를 만드는 것이었다.

물론 리더와 다른 점도 있었다. 재정 팀장은 회계에

능했다. 이 모든 것이 리더와 몽키 비즈니스에게는 행운이었다. 재정 팀장의 재능과 투철한 윤리의식은 회사의 장부를 완전무결하게 만들었다.

마케팅 팀장은 곧고 창의적이고 자유롭고 유머 감각이 있는 여자 원숭이였다. 그녀는 상상도 출신이었다. 상상도는 장난감 공장과 아름다운 골프장으로 유명한 작은 섬이다. 상상도 주민들은 천성적으로 낙천적이었지만 한 가지만은 죽을 때까지 깍듯하게 지켰다. 바로 어른에 대한 존경이었다.

이들은 저녁이면 어린아이까지 모두 모닥불 주위에 모여 아름다운 일몰을 지켜보았다. 그리고 그날 하루 무슨 일이 있었는지 이야기하며 서로에게 용기와 열정을 심어주었다. 밤이 이슥해지면 상상도 주민들은 섬의 어른들이 들려주는 충고를 새겨들으며 하루를 마감했다. 이 행사는 매일 똑같이 반복되었다.

그럼에도 젊은이들은 한 명도 빠짐없이 매일 모닥불 주위에 모여 깡마르고, 수척한 백발 원숭이들을 기다렸다. 그리고 눈을 감은 채 웅크리고 앉아 어른들의 말씀을 하나도 흘리지 않고 들었

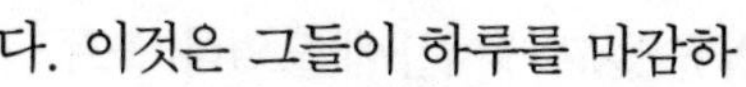
다. 이것은 그들이 하루를 마감하

는 행사였다.

모닥불 주위의 다른 원숭이들도 마찬가지였다. 그들은 태어나서부터 계속 들어왔음에도 어른들의 말씀이라면, 매일매일 한마디라도 빠뜨리고 싶어 하지 않았다. 어른들의 말씀은 구태의연하고 똑같은 일을 하느라 시들어가고 있는 그들을 세상에서 아주 특별한 존재로 만들어주었기 때문이다.

상상도 주민들은 의무적으로, 언제나 상상해보기를 좋아했다. 무엇을 하든 항상 자신들이 꿈꾸는 것을 상상했다. 리더는 마케팅 팀장이 자신이나 재정 팀장과 똑같은 가치관과 믿음을 갖고 있는 것에 매우 흡족했다. 또한 남자들과 다른 그녀만의 색깔도 좋아했다.

원숭이 3인방은 중요한 사안을 발생하기 전까지는 서로 협력하며 일을 진행했다. 그러다 큰일이 생기면 자신들만의 해결 방법을 들고 테이블에 모였다. 모두들 다른 원숭이가 근접하지 못할 전문 분야를 가지고 있었다. 그들은 의견을 조율하면서, 때로는 적극 수용하면서 다른 업무를 배웠고 서로를 알아갔다.

몽키 비즈니스의 3인방은 매장이 문을 닫은 후에도 전략, 전술적 문제들을 놓고 토론을 벌였다. 그러나 매장 문이 열리면 친밀하게, 능률적으로 환상적인 호흡을 맞췄다. 무엇보다 서로를 진심으로 존중했다.

가끔 마케팅 팀장과 재정 팀장은 리더의 입장을 충분히 이해하고 있음에도, 리더와 정반대의 의견을 끝까지 고수해야만 할 때가 있었다. 이것은 그들의 아집 때문이 아니라 열정 때문이었다. 그들은 공적인 충돌을 개인적인 문제로 확대시키지 않았다. 그러나 리더가 일반 원숭이들이 하듯이 입술을 쩝쩝거리거나, 겨드랑이를 긁는 것을 보는 것은 여간 곤혹스러운 일이 아니었다.

그들은 리더가 꼭 알아야 할 뉴스와 정보를 정리해주었다. 사려 깊고 계획적이고 세련되고 박식하고 제대로 돌아가는 회사의 오너가 되는 데 큰 도움이 되는 정보들이었다. 그런 분위기 때문인지 마샤 여사의 잡지 〈원숭이 리빙〉에서 리더의 회사를 '정글에서 빠른 성장세를 타고 있는 기업'으로 대서특필했다.

당연히 3인방이 잡지의 커버를 장식했다. 성공을 거머쥐고 기쁨을 누리는 콘셉트로 연출된 사진이었다. 그들의 사진은 정글 잔디를 꾸며주는 일을 부업으로 하고 있는 플라밍고가 훌륭하게 찍어주었다.

리더는 두 팀장의 다른 점을 차별화시켜 그들을 더욱 부각시켜주었다. 원숭이들은 이들 3인방을 힘들고, 경이적인 모험을 함께 헤쳐 나가는 "리더"들로 인식하게 되었다. 잡지는 총천연색이면서도 정확하게 몽키 비즈니스를 소개하고 있었다. 능력 있는 리더와 폭발적인 성공에 숨겨진 아주 간단한 비결이 주요 내용이었다.

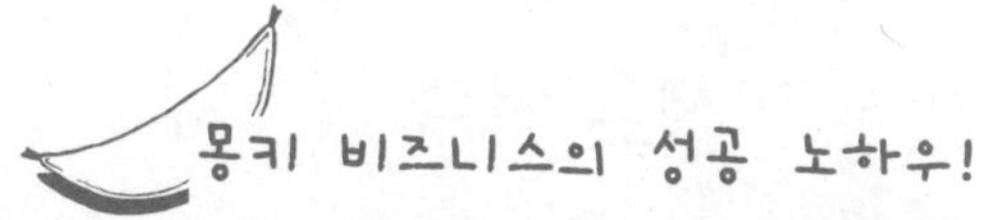

- 분명한 비전.
- 뚜렷하고 투명하고 정확한 목표.
- 7가지 정글의 법칙, 아주 간단하지만 기품 있는 원칙.
- 품위 있는 정책과 절차, 고객의 문제를 해결할 때에는 팀장의 승인이 있어야 한다.
- 직원들의 자발성, 퇴근 시간에 구애하지 않고 직원들은 일을 끝까지 마치고 퇴근한다.
- 기업의 건강한 문화, 건강한 근무 환경으로 병가를 내는 직원이 적다.
- 철저한 인사 시스템, 나태한 직원들은 면접 때 잘라낸다.
- 직원이나 고객이나 스스로를 중요하다고 생각하는 자기 존엄성.

이제 리더의 몽키 비즈니스는 다른 기업들이 뛰어넘어야 할 새로운 목표가 되었다. 리더와 그의 팀은 아주 행복하게 많은 돈을 벌 수 있었다.

시련 없는 인생은 없다

이제 리더는 자신이 고용한 직원들을 이끌고 나가야 했다. 그는 몇 명의 직원이 더 필요했지만, 그렇다고 구직 희망자 중에서 아무 원숭이나 고용할 생각은 전혀 없었다. 나무 위에서나 땅에서나 자신의 실력을 유감없이 보여줄 수 있는 유능한 원숭이가 절대적으로 필요했다. 리더가 넘어야 할 첫 번째 고비가 바로 이것이었다.

바나나 따기를 좋아하며, 더구나 그 일로 월급을 받을 수 있다면 기꺼이 지원할 원숭이들은 얼마든지 있었다. 그러나 리더와 같은 비전과 열정을 가지고 있으며 고객과 진실한 관계를 맺을 줄 알고, 그 관계를 아주 오랫동안 유지할 수 있는 원숭이를 찾는 것은 여간 어려운 일이 아니었다.

그뿐만이 아니다. 리더는 고객과의 관계에 있어 문제를 일으키지 않으며 정신이 산만하지 않고, 직원들의 사기를 꺾지 않는 원숭이를 찾는 것은 아주 어려운 일이라는 것을 깨달았다. 리더는 라이언즈, 블라분, 표범, 슬리자드, 하이에나, 치타, 카멜레온, 노란구탄, 윈세로와 같은 동물들을 철저히 골라내야 했다.

팀장들이 의기소침해 있는 것을 알게 된 리더는 정글 중심가에 있는 최고급 야자나무 레스토랑에서 점심을 샀다. 세 원숭이는 이 식당의 특별 메뉴인 바나나 버거와 코코넛 껍질에 담겨서 나오는 바나나 스무디를 주문했다. 스무디 위에는 작은 빨간 우산이 꽂혀 있었다.

식사가 끝나갈 무렵 리더는 파트너들의 사기를 북돋아주려고 말문을 열었다.

"우리 직원들이 회사에서 실력 발휘를 할 수 있도록

그들에게 맞는 일을 찾아주어야 해요."

리더는 몽키 비즈니스가 그들과 함께 정글에서 최고의 회사가 될 것이라고 확신하고 있었다. 두 팀장은 리더가 말하는 '우리 직원' 이 당연히 원숭이라고 생각했다. 그리고 리더가 두 팀장에게 용기를 주려고 만든 자리인 만큼 디저트로 바나나 푸딩을 시켜줄 것이라고 기대하고 있었다.

"사실 나도 처음에는 모든 직원을 우리처럼 작고 빠르고 나무를 잘 타는 원숭이로 뽑을 생각이었어요."

재정 팀장과 마케팅 팀장은 리더가 무슨 말을 하려는지 알 수 없어 서로를 물끄러미 쳐다보았다. 물론 아직 디저트를 포기한 건 아니었다.

"그러던 어느 날, 두 마리 코끼리를 알게 되었어요. 그들은 아주 크고, 힘도 무척 세지요. 그들을 만나본 후 나는 바나나를 씻을 때나 무거운 바나나 다발을 매장에 옮길 때, 코끼리들이 아주 좋은 일꾼이 될 수 있다는 것을 깨달았습니다. 다목적으로 사용할 수 있는 긴 코가 있기 때문이지요."

리더는 의자 깊숙이 등을 기대고 그들의 반응을 살폈다. 그리고 냅킨을 접시 위에 올려놓았다. 이 행동이 무엇을 의미하는지 두 팀장은 알고 있었다. 그건 다름 아니라 '식사가 끝났으니 이제 생각 좀 해봅시다' 는 뜻이었다.

마케팅 팀장은 재빨리 바나나 푸딩에 대한 생각을 접고 리더의 신호에 응했다.

"바나나를 세척한다고요? 그거 좋은데요."

정글 동물들에 대한 여자의 날카로운 직감으로, 그녀는 한 무리의 코끼리들이 즐겁게 바나나를 세척하는 그림을 머릿속에 선명하게 그렸다.

"사실, 마케팅 측면에서 이렇게 참신한 것은 없을 것 같군요!"

마케팅 팀장이 생각에 깊이 빠져있는 것을 보고 리더는 그녀가 제대로 된 판단을 내릴 것이라는 것을 알 수 있었다. 그는 이번에는 손가락으로 계산을 하고 있는 재정 팀장을 보았다.

'한 마리의 큰 코끼리는 작은 거미원숭이보다 훨씬 많은 양을 옮길 수 있겠군.'

재정 팀장의 머릿속에서 주판알이 굴러가는 소리가 들리는 듯했다.

리더는 재정 팀장의 현란하게 움직이는 손을 넋 놓고 쳐다보았다. 그는 공공장소인 것도 잊은 듯 손을 움직이며 계산에 여념이 없었다. 더하고 빼고를 하며 주변 원숭이는 의식하지 않은 채 "수지타산이 맞아"를 쉴 새 없이 연발했다. 그 누구도 그를 막을 수는 없었다.

마케팅 팀장은 깊은 생각에 빠져 있고 재정 팀장은 허공에서 피아노를 치고 있을 때, 리더가 그 정적을 깨며 재정 팀장의 생각을 물었다. 그의 대답은 간단했다.

"그렇다면 우리는 인건비를 줄일 수 있습니다."

"긍정적인 대답을 할 거라고 생각하고 있었어요."

마케팅 팀장은 하얀 이를 드러내며 웃었다. 리더가 다음 의견을 말하기에 아주 좋은 타이밍이었다.

"나는 또 그라젤을 알게 되었네. 아주 작지만 무척 빠른 동물이지. 그런데 뿔이 뒤쪽으로 나 있다네."

리더는 팀장들의 대답을 기다렸다. 그들은 리더가 아

주 고심한 문제라는 것을 알기 때문에 대답하기 전에 신중을 기해야 한다고 생각했다.

"움직이나요?"

마케팅 팀장이 물었다.

"뭐가 말인가?"

리더는 마케팅 팀장이 무엇을 말하는지 알 수 없었다.

"그라젤이죠."

그라젤이 타고난 여행가라는 것을 알고 있는 재정 팀장이 대답했다.

"내 말은 그게 아니라 그 뿔이 움직이냐는 거예요. 그러니까 일부러 뒤로 향하게 놓은 건지, 아니면 태어날 때부터 그랬던 건지 알고 싶어요."

마케팅 팀장이 자신의 뜻을 분명히 전했다. 재정 팀장은 믿을 수가 없다는 듯이 마케팅 팀장을 쳐다보았고, 리더는 배꼽이 빠지도록 웃었다.

"원래 그렇죠. 이건 내가 여러분에게 기대했던 그 질문이에요."

리더가 자신의 질문 의도를 이해했는지 확신이 가지는 않았지만, 마케팅 팀장은 리더의 긍정적 평가에 고마움을 표했다. 이때 재정 팀장이 입을 열었다.

"이 경우라면 뒤로 향해 있는 뿔도 상관없어요."

"왜 그렇게 생각하죠?"

리더가 조심스럽게 물었다.

"그야, 손해 볼 게 하나도 없기 때문이에요. 그라젤은 작고 빠르고 게다가 아주 상냥해요. 그러니 뒤로 난 뿔도 어떻게든 도움이 될 거란 말이죠."

"그러니까 내 질문은 그녀의 뿔이 회전을 하냐는 거였어요."

마케팅 팀장은 서로 핀트가 안 맞는 이야기를 리더와 재정 팀장이 주고받고 있다고 생각했다.

"제 생각에는 그라젤의 뿔이 방향을 바꿀 수 있다면, 즉 앞으로든 뒤로든 옆으로든 자유자재로 방향을 바꿔 움직일 수 있다면 배달 업무에 최적의 동물이 될 거라고 생각해요."

리더는 원숭이만 고용해야 한다는 생각에서 모두가 탈피했다는 확신이 들었다.

"좋았어!"

이번 점심 미팅은 큰 성공이었다고 리더는 생각했다. 그리고 여러 동물들의 면접을 보며 때로는 단점이기도 했지만 그들의 장점을 발견해낸 것에 자부심을 느꼈다.

그날 밤 리더는 새로운 길로 집에 돌아왔다. 길가에 아름다운 꽃이 피어있었다. 리더는 꽃향기를 맡으려고 잠깐 멈춰 서서 그가 고용한 유능한 팀장들과 앞으로 일하게 될 동물들을 생각했다.

어떤 동물은 아주 크고 어떤 동물은 아주 작다. 아주 빠른 동물도 있고, 너무 느린 동물도 있다. 점무늬, 줄무늬 동물도 있고, 총천연색 동물도 단조로운 회색톤 동물도 있다.

'그래도 우리 모두는 같은 언어를 사용해. 이것만으

로도 충분해!'

이때 리더의 내부에서 다른 목소리가 들려왔다. 무언가 빠졌다는 느낌이 희미하게 전해졌다. 리더는 자신의 소리를 듣기 위해 나무 꼭대기에 올라가 혼자만의 시간을 가졌다. 생각이 꼬리를 물고 이어졌다. 이 여정의 끝에서 '끊어진 고리'를 찾을 수 있을까……. 의미 있는 삶을 살아가는 이 각각의 동물들을 하나로 연결해 주는 것은 무엇일까?

리더의 고민은 더욱 커져갔다. 과연 그것이 무엇인지 좀처럼 실마리가 보이지 않았다.

이럴 경우 해결책은 하나다. 집으로 달려가 아내의 조언을 듣는 것이다. 다행히 컨피던트는 집에 돌아와 있었다. 그녀의 오후 미팅이 순조롭게 끝난 덕분이었다.

리더가 허겁지겁 집으로 들어왔을 때, 아내는 편안하게 휴식을 취하고 있었다. 늘 그렇듯이 그의 파자마는 침대 위에 놓여 있었고, 부부가 즐겨 마시는 코코넛 밀크도 믹서기에 담겨 있었다. 리더는 재료들이 잘 혼합

되어 농도가 제대로 맞는지 확인했다.

"그런데 무언가가 빠진 것 같아."

리더는 코코넛 밀크를 컨피던트에게 건네주며 말을 했다.

"당신, 파파야 주스를 잊은 거 아니에요?"

컨피던트가 눈썹을 찡긋했다. 모든 걸 다 알고 있다는 웃음이었다.

"그래도 뭔가가 빠졌어."

리더의 대답은 똑같았다.

"난 알 것 같아요."

그녀의 얼굴에서 웃음이 사라졌다. 마법이 시작될 차례였다.

"이제 잘 기억해보세요. 집에 어떻게 돌아왔는지, 오늘 하루 무슨 일이 있었는지 말이에요. 무엇을 도전하고 무엇을 얻었으며 어떤 고객을 만났나요?"

"물론 기억하지. 그런데 당신이 의도하는 게 뭐지?"

그녀는 빤한 이야기를 하는 것을 좋아하지 않았지만,

지금은 어쩔 수 없이 하나하나 말을 해야 하는 상황이었다.

"제대로 이해하지 못했군요. 당신이 이야기를 할 때면 나는 당신의 열정을 느낄 수 있어요. 그리고 나도 모르게 당신 일에 흥분을 하게 되죠. 당신은 기쁨에 가득 차 있거든요."

리더의 눈에 파란불이 켜졌다.

"그렇구나! 이야기였어!"

리더가 소리쳤다.

"나는 이야기하는 것을 좋아해! 그리고 모든 원숭이들은 내 이야기 듣는 것을 좋아하지. 그동안 그런 시간을 많이 갖지 못했어. 회사 전략을 짜는 데만 너무 시간을 투자했다고. 그것도 나름대로 좋았지만."

컨피던트의 눈살이 찌푸려지는 것을 보고 리더는 자신이 잘못 집은 것이 아닌가 생각했다.

"알았다고, 이제부터 퇴근 시간 무렵에 모두 모여 이야기를 나누는 시간을 가질 거야. 당신과 내가 하는 것처럼."

'맙소사!'

컨피던트는 놀라지 않을 수가 없었다. 어떻게 훌륭한 리더의 자질을 가진 원숭이가 다른 한편으로는 저렇게 둔할 수 있을까? 리더와 같은 원숭이들은 때때로 섬세

하지만 때때로 아주 무심하기도 하다. 자신의 능력을 대단하게 생각하지만, 직원들의 노력은 제대로 평가해 주지 않는다. 자신의 공로는 치켜세우고, 다른 원숭이의 성과는 묻어버린다. 빛나는 자리에는 기꺼이 참석하지만 궂은일에는 나타나지 않는다. 이것은 스톤헨지처럼 영원히 풀리지 않는 미스터리다.

이제 그녀는 리더에게 특별한 무언가를 이야기해줘야 했다.

"당신의 이야기를 하라는 게 아니에요. 당신의 열정을 나눠주라는 거죠. 신입사원 오리엔테이션 때나 나타나서 연설을 늘어놓는 게 아니라 매일 직원들에게 당신의 열정을 보여주세요."

그녀의 이야기는 계속됐다.

"아침마다 모두 모이게 하세요. 그리고 즐거운 시간을 보내는 가운데 당신의 열정을 조금씩 퍼뜨리세요."

컨피던트의 목소리는 더욱 높아졌다.

"당신의 긍정적인 사고를 그들이 배울 수 있는 기회

를 만드세요."

리더는 그제야 컨피던트가 하는 말의 의미를 깨닫게 되었다.

"회사 이곳저곳을 돌아다니며 당신의 열정을 꾹꾹 박아놓으세요."

컨피던트의 이야기가 마치 오페라 아리아와 같이 달콤하게 들렸다.

"회사를 순회하며 직원들이 어떤 생각을 하는지, 또 요즘 걱정거리는 없는지를 물어보세요. 그리고 그들의 성과를 인정해주세요. 축하를 해주고 그에 맞는 포상을 주는 것도 좋은 방법이겠죠."

한번 물꼬가 트인 컨피던트의 말은 쉴 새 없이 쏟아졌다.

"눈을 크게 뜨고 보세요. 동료를 도와주는 직원을 보거나 전화벨이 울리자마자 받는 직원이 있다면 어깨를 두드려주세요. 그리고 고맙다는 말을 하세요."

아주 작고 간단한 행동이 마음을 움직이는 법. 직원

들은 앞으로 자신이 얼마나 귀중한 존재이며 인정받고 있는지 느끼게 될 것이다.

물론, 리더도 이 일이 얼마나 중요한지 알고 있다. 바나나공화국에서는 전혀 시도되지 않았던 일들이다. 그래서 리더가 그곳을 떠나지 않았던가.

컨피던트에게 이 모든 것을 들으면서 리더는 생각했다. 인생이라는 거대한 프로젝트 속에서 손톱만큼 작고 사소한 일이 얼마나 큰 파장을 일으키는지를.

리더는 이제 제대로 된 이야기를 할 수 있을 것 같았지만, 컨피던트의 이야기는 아직 끝나지 않았다.

"직원들에게 자신의 일을 해낼 수 있도록 모든 '도구' 를 주세요. 그리고 직원들에게 고마운 마음을 전하세요, 그들은 고객을 그렇게 맞이할 거예요. 리더, 회사를 즐겁고 활기 넘치는 일터로 만들어주세요. 이제 몽키 비즈니스가 최고의 회사가 되는 일만 남았군요."

컨피던트는 의자 깊숙이 앉아 아주 의미심장한 미소를 지었다.

꿈이 있는 원숭이가 꿈을 이룬다

리더는 흥분해서 아내에게 말했다.

"바나나공화국에서 내가 느끼지 못했던 것이 바로 이거야. 그곳에서는 줄곧 뒷걸음질 치는 것 같았거든. 바나나공화국의 원숭이들은 사장을 위해 일을 한다고 생각했어. 그리고 상사의 지시에 따라서만 일을 했지."

리더는 봇물 터지듯이 말을 쏟아냈다.

"이런 이야기를 하는 원숭이도 없었고, 변화가 일어나면 그것에 적응하는 원숭이가 있는 반면 그렇지 못한 원숭이도 많았어. 물론 그런 원숭이들은 머지않아 회사를 그만두었지만."

리더가 고용하지는 않았지만, 변화하는 데 있어서는 카멜레온이 전문가였다. 그는 예술가로 꽃장식가로 마술가로 자유자재 탈바꿈했다. 색깔과 피부, 재빠른 손재주를 이용하여 변화를 시도하고 그 이점을 살려 다른 모습으로 변하거나 새로운 것을 창조했다.

"바나나공화국의 원숭이들은 모두 투덜이들이었어. 작은 손해라도 생기면 조용히 넘기는 법이 없었지."

리더가 고용한 코끼리들은 예전에 이혼 전문 변호사로 활약했다. 모든 것을 기억하는 능력이 있는 까닭이었다. 때문에 코끼리들은 불의(?)를 응징하고, 특히 '돈'과 관련한 피해자의 권리를 보호하

는 일을 도맡았다.

"그뿐만이 아냐. 시종일관 시시덕거리며 사장 흉을 보는 원숭이들이 대부분이었어."

하이에나는 하루 종일 현장에서 뛰어다는 일이 적성에 맞았다. 비록 바나나공화국에서는 어울리지 않는다고 여겨졌지만. 훗날 하이에나들은 심야 토크쇼의 게스타나 관객들의 웃음 테이프를 틀어대는 시트콤 제작자로 활약했다.

"또한 그들은 자신들의 일과 관리자의 일이 아주 다르다고 생각했어. 그들에게 필요한 조언을 아무리 해줘도 잠시 듣는 척할 뿐 전혀 바뀌지 않았어."

표범이라면 바나나공화국에서 편안함을 느꼈을지 모르지만, 그들은 개성이 강한 의상 디자이너의 경력을 선택했다. 그들은 물방울무늬를 무척 좋아했지만 얼룩말이 충고한 대로 '패션은 줄무늬' 에서 완성된다는 말을 인정했다.

"바나나공화국 원숭이들은 어떤 방침이 내려와도 의심부터 했어. 모든 문제에 불평을 달았지."

원래 의도는 그렇지 않았더라도 회사에 불평불만이 많은 자들은 왈가왈부하기를 좋아하는 투덜이 원숭이들과 한 팀을 이루기 마련이다. 그러면 이때부터 진짜 문제가 불거지기 십상인데, 한 편에서 회사에 불평불만을 쏟아내고 다른 한 편에서는 투덜이들이 다짜고짜 의심부터 하면서 회사 내에 회의론이 팽배해졌다. 그리고 이들에게 '관리 감독' 이 요구되었다.

"모든 것이 잘못됐어. 그들은 회사 주변으로 슬금슬금 숨어버리고, 소문과 거짓을 퍼뜨리며 빈정대기만 했지. 그들 중에서 관심을 갖고 지켜볼 원숭이는 전혀 없었어."

거짓말쟁이 라이언즈들은 바나나공화국에서라면 편안함을 느꼈을 것이다. 사실, 정글 속 최고의 거짓말쟁이인 그들은 엔드론(세계 최대 에너지 회사로 분식회계를 통해 주가를 조작해 파산했다)에서 최고의 권력까지 오른

적이 있었다. 당시 최대 회사였던 엔드론은 결국 투자자만 송두리째 잡아먹는다는 비난을 받았다.

"슬리자드는 한결같이 바나나공화국의 주변을 맴돌았어. 하지만 그들의 말에는 진실이 없었어. 결코 진실을 말하는 법이 없었지. 그들 앞에서 절대 등을 돌려서는 안 돼. 그렇지 않으면 언제 위험에 처하게 될지 모르지. 특히 예민한 사안이 있을 때는 더욱 그렇고."

바나나공화국이 쇠퇴 일로를 걷자 슬리자드들은 재빨리 다른 곳을 기웃거렸다. 그리고 타블로이드 〈요지경 세상〉에 새로운 둥지를 틀었다. 지루한 일상에서 괴로워하던 동물들은 불확실한 사실로 만들어진 감각적인 뉴스를 게걸스럽게 탐닉했다. 절대 진리처럼 포장된 거짓말이나 유명 연예인들의 사진은 달콤한 음식과도 같았다. 사실 그보다 더 선정적인 것은 "이번 주 〈어메이징 레이스〉에 머리 둘 달린 놀라운 기린 가족들이 목과 목을 꼬고, 다리가 긴 오징어와 함께 등장했다"와 같은 차마 눈뜨고 볼 수 없는 헤드카피들이었다. 이런 의미에서 슬리자드들이야말로 '희대의 사기꾼들' 이라고 할만 했다.

❦

리더의 냉혹한 평가가 끝이 났다. 컨피던트는 아무런 말도 하지 못했다. 대신 아주 잘 익은 황금 바나나를 건넸다.

"아하! 내일 아침에 이 황금 열매를 모든 원숭이들에게 나누어주겠어!"

리더의 목소리가 한층 밝아졌다. 그는 흥분된 마음을 진정시킬 수가 없었는지 공중제비를 서너 번이나 돈 후에 제자리에 섰다. 입에 침이 마를 정도로 컨피던트가 칭찬을 할 것이라고 생각했지만 정작 그녀는 아무 말도 하지 않았다.

"이제야 나는 깨달았어. 직원들이 진정으로 필요한 것이 무엇인지 말야. 그들은 나의 관심과 인정, 도움, 지원, 칭찬, 존경, 그리고 마지막으로 시간이 필

요해."

"이제야 옳은 말씀을 하시는군요!"

컨피던트가 환호성을 질렀다.

"그래요, 맞아요."

그녀의 칭찬이 좀 늦기는 했지만 분명히 리더를 인정하는 소리였다.

"우리 고객처럼 우리 직원들도 내가 제공하는 최고의

대우를 받게 될 거야."

리더는 자신감을 얻었다.

"그 다음은 직원들이 최선을 다하는 것이지. 우리 직원들은 이 정글에서 가장 탐스럽고 잘 익은 바나나를 따올 거야."

"가장 중요한 건 바로 관계야. 직원은 물론 고객들과 지속적이고 성실한 관계를 쌓아야 하는 거지."

리더는 너무나 중요한 사실을 깨달았다는 흥분에 가슴을 치는 것을 좀처럼 멈출 수가 없었다. 컨피던트는 눈을 깜박거릴 수도 없었다. 지혜를 깨달은 정글의 수많은 동물도 그러했다.

당신이 세상을 바라보는 방법을 바꿀 때 세상은 변한다. 이 놀라운 일을 이제 여러분이 경험할 차례이다. 이 책은 여기서 끝난다. 그러나 진정한 시작은 이제부터다.

위대한 성공은 작은 변화에서 시작된다

열정적이고 영감이 풍부하고 성실하게 고객을 대하는 원숭이들이 다른 원숭이들과 다른 것은 그들의 마음가짐이다. 물론 꼬리도 다르다. 그들은 모든 것이 끝난 후에 꼬리로 의사를 표현한다.

회사로부터 어떤 존경심이나 감사함을 느끼지 못하면 원숭이들은 꼬리를 내려놓고 가능한 한 일을 하지 않으려 한다. 또한 과소평가된 그들의 민첩하고 유연한 꼬리를 다시는 움직이지 않는다.

원숭이들은 그것으로 그치지 않는다. 푸른 잔디가 깔려 있고 직원들이 여가 시간에 테니스를 칠 수 있는 회사로 옮기고, 그곳에서 자신의 열정과 영감에 불을 지필 수 있는 인간적인 경험

과 관계를 쌓아간다. 자신들이 이상적인 곳이라 생각되는 회사를 찾아 떠나는 것이다.

고객들은 판매원이나 계산대 직원이 무례하게 대하면 자존심상해할 뿐 아니라 매우 불쾌함을 느낀다. 가끔은 파격적인 가격이나 익숙함 때문에 그런 천대를 감수할 때도 있다. 그러나 대부분은 집에서 꽤 떨어져 있다 하더라도(차를 타고 나가서라도) 고객에게 친절한 서비스를 제공하는 매장이나 식당을 찾아가 돈을 지불한다.

모든 고객은 그들을 기쁘게 맞이하고 존중해주는 곳으로 발걸음을 옮기는 법이다. 그리고 그곳을 떠날 때 오히려 고마움을 느끼며 마음속으로 이렇게 중얼거린다.

"오늘은 정말 좋은 날이었어!"

직원과 고객을 모두 만족시키며 성장할 수 있는 회사를 만드는 데 필요한 것은 무엇일까? 그것은 바로 신뢰와 행동이다. 직원들은 이 두 가지가 만족되면 이렇게 말한다.

"대체 다른 곳으로 갈 이유가 어딨어?"

1 회사의 계명을 세워라

2 모든 팀 사이의 연결고리들을 점검하라

3 황금관계를 맺어라

4 고객과의 관계를 최우선으로 하라

5 고객의 존재 가치를 높여라

6 무한 책임 서비스를 보장하라

7 열정적인 하루를 보내라

생활에 유용한 원숭이 격언

- 원하라, 그러면 얻을 것이다.

- 모든 원숭이에게 배워라. 특히 가장 성과가 좋은 원숭이를 지켜보라.

- 전략적인 원숭이는 나무 꼭대기까지 날아오른다. 훌륭한 리더는 깔끔하게 착륙한다. 그러나 다른 원숭이가 치워야 할 쓰레기 따위는 남기지 않는다.

- 당신에게 월급을 주는 존재는 고객이다.

- 직원은 업무 수행 능력에 맞는 대우와 보상을 받아야 한다.

- 정글의 모든 매장들은 비슷하다. 당신의 매장을 특별하게 만들 방법은 고객을 즐겁게 해주는 것뿐이다.

- 고객을 위한 서비스를 대단한 것으로 생각하지 마라. 당신은 단지 고객을 기쁘게 하고, 직원을 행복하게 하는 작은 일을 했을 뿐이다.

- 고객들이 동네에서 받는 것보다 나은 서비스나 기대치을 제공함으로써 정직하고, 변함없는 관계를 쌓아라.

- 고객은 가치를 창조하는 공동 창조자로 생각하라. 고객을 즐겁게 하라, 감동하게 하라, 열광하게 하라!

- 하루에 5분, 아주 특별한 서비스를 베풀어보라. 그리고 동료들에게도 그렇게 하게 하라. 25명이 일하는 회사라면 일 년에 6천 개의 특별한 서비스가 만들어진다.

- 훌륭한 리더는 직원들에게 활기를 불어넣어준다. 에너지를 빼앗는 행동 따위는 절대 하지 않는다.

- 이 살벌한 경쟁 정글에서 살아남으려면 전문 지식, 통찰력, 그리고 지혜가 필요하다. 방에서 뒹굴지 말고 치열하게 배워라.

- 고객의 취향을 알고, 취미를 파악하게 되면 그들이 요구하는 것 그 이상을 제공하게 될 것이다.

- 따분한 정글은 최고 서비스맨의 활약을 잠식시킨다.

- 활기찬 생활은 언제나 재미있다. 가끔은 수익을 안겨주기도 한다.

- 과정을 중시하는 행동은 당신이 원하고 바라던 그 결과물을 안겨준다.

- 직원들의 사기를 살펴라. 그들의 의욕이 추락하고 있다면 당신의 고객과 수입도 함께 곤두박질할 것이다.

- 가장 일하기 좋은 회사에서는 가장 매력적이고, 재능이 있고, 고객을 최고로 생각하고, 수익을 올리는 직원들이 일을 한다.

- 고객과 변함없고 정직한 신뢰가 형성되었다면 그 회사의 비전은 돋보기로 글을 보는 것과 같이 확실하다.

- 당신이 고객을 불친절하고 무심하게 대했다면 그 보상은 뻔하다. 아무것도 얻지 못할 것이다.

- 우리는 자신을 의도로 평가한다. 그러나 다른 원숭이는 우리

를 말과 행동으로 평가한다.

- 당신의 말과 행동이 당신의 의도와 정확하게 일치할 때 원숭이들은 당신에 대해 올바른 평가를 내린다.

- 동물들은 모두 열정 아니면 공포에 직면해서 결정을 내린다.

- 구매 결정권은 대부분 여자들에게 있다.

- 대부분의 것들은 겉으로 보이는 것 이상의 가치를 가지고 있다. 바위나 넝쿨처럼.

- 당신의 가치를 인정해주는 말은 아무리 들어도 지겹지 않다.

- "나는 할 수 있으며, 할 것이다"고 다짐하라.

- 열정을 좇고, 가치를 지키고, 가족을 사랑하고, 고객에게 감사하며 날마다 그것을 증명해보여라.

- 업무를 완수한 원숭이에게는 상을 줘라. 그러나 불성실한 원숭이에게는 왜 회사에서 나가야 하는지 알게 하라.

- 경쟁 회사의 매장에 미스터리 쇼핑객을 보내라. 그들의 장점과 단점을 파악할 수 있는 가장 좋은 방법이다.

- 고객 서비스 5대 원칙! 고객에게 정중하게 인사하기. 고객을 최고로 모시기. 고객을 진심으로 대하기. 고객의 이름을 외우기. 고객에게 고마운 마음을 전하기.

- 최고의 회사는 직원에게 커다란 모자를 씌우지 않는다.

- 무한 경쟁으로 만신창이가 된 업계에서 경쟁자보다 우위에 있다 해서 황금 바나나를 얻을 수 있는 것이 아니다. 당신의 위치를 알려면 다른 업계를 주시하라.

- 간단하고, 짧고, 달콤한 정글의 법칙을 지켜라.

- 직원들이 최고의 바나나를 쟁취해 왔다면 조회 시간을 줄이고 신입사원 오리엔테이션에서 회사의 역사를 길게 설명하지 마라.

- 모든 고객을 왕족의 피가 흐르는 원숭이처럼 대하라.

- 고객과 마주보고 있는 동안 고객의 눈동자 색깔이 무엇인지 간파하지 못했다면 당신은 일에 집중한 것이 아니다.

- 당신의 하루는 다른 원숭이들의 삶을 풍성하게 하는 데 기여해야 한다.

- 다른 원숭이를 격려하는 미소의 힘을 절대 과소평가하지 마라. 그들의 웃는 얼굴은 "내가 있잖아" 또는 "넌 할 수 있다고 믿어"라고 말하는 것이다.

- 직원을 업무에 맞추지 말고, 모든 업무를 고객에게 맞춰라.

- 직원의 마음가짐을 보고 고용하라. 기술은 익히면 된다. 바른 마음가짐만이 행동으로 이어진다.

- 직원을 그의 능력에 맞는 곳에 배치하라. 또, 당신의 가치와 신념을 공유할 수 있는 리더들을 포진시켜라. 그들은 당신의 약점을 보완해줄 것이다.

- 여성 직원들은 남성들과 다른 방식을 시도할 때가 있다. 때론 훌륭한 결과를 낳기도 하지만, 그렇지 않을 때도 있다.

- 에너지가 흐르는 곳을 포착하라.

- 관계 중심주의, 서비스 최상주의를 표방한 회사에서 직원들은 열심히 일을 한다.

- 충돌은 어쩔 수 없는 일이다. 피할 수 없지만 건강한 조직은 이를 원활히 해결한다.

- 오늘 충돌을 피한다면 내일 더 많은 것을 얻을 것이다.

- 충돌을 풀어가는 가장 좋은 방법은 자신을 방어하는 데 급급해하는 것이 아니라 다른 사람을 이해하려고 노력하는 것이다.

- 직장에서 가장 큰 도전 중 하나는 업무 문제를 개인적인 일로 가져가지 않는 것이다.

- 회사의 비전은 짧고 명확할수록 좋다. 회사의 목표 또한 마찬가지다.

- 건강한 회사는 진정한 챔피언을 양성한다. 제대로 기능을 하지 않는 회사는 닭을 사육한다.

- 신뢰는 쌓는 데는 수년 걸리지만, 무너지는 데는 몇 초면 충분하다.

- 다른 사람에게 도움을 주는 존재가 되라. 그들이 문제에 봉착했을 때, 결정을 내려야 할 때, 해결책을 찾아 노력할 때 힘이 되어줄 필요가 있다.

- 일에 파묻혀 있는 동료가 있다면 그의 일을 분담하라.

- 문제가 발생했다면 무조건 직원들에게 책임을 돌리지 말고 시스템과 업무 과정을 살펴라.

- 당신이 어떻게 생겼는가, 어디 출신인가를 따지는 사람은 아무도 없다. 그들이 묻는 것은 오직 하나. '당신이 성공했는가' 이다.

- 당신의 열정에 불을 붙이고, 다른 사람과 공유하는 것이 가장 중요하다.

- 당신의 직감을 믿어라.

- 긍정주의 밀물은 배를 바다에 띄운다. 가끔은 사무실을 순회하며 직원들이 무슨 생각을 하는지 물어보라. 그들을 믿고, 그들의 관심사에 귀 기울이고, 그들을 인정하라. 그들의 성과를 축하하라. 목표 이상을 이루었을 때 상을 주라.

- 당신의 개인적인 다독임은 직원들에게 자신들이 얼마나 가치 있고, 인정받고 있는지 깨닫게 한다.

- 직원은 물론 고객과 정직하고 변함없는 관계를 맺는 것, 이것이 회사와 리더들의 관심사여야 한다.

◆ 성공적인 비즈니스를 위한 원숭이 전략 ◆

고객이 다음과 같은 서비스에 만족했을 때 단골이 된다. 당신의 성실한 서비스(당신은 고객의 기대를 충족시킨다), 당신의 인간적인 서비스(그들의 이름을 외우고 불러준다), 그리고 헌신적인 서비스(당신의 경쟁 회사가 해결하지 못한 문제를 풀어준다).

- 언제나 자신이 내뱉은 말을 행동으로 옮겨라.
- 모든 계층의 고객이 원하는 것이 무엇인지 고민하라.
- 서비스의 기준은 언제나 고객이다.
- 회사 내 모든 서비스의 기준을 높여라.
- 아무도 하지 않은 서비스를 경험하게 하라.
- 업무에서 생긴 오류는 확실하고 명확하게 시정하라.

- 당신의 경쟁자가 놓친 작은 것에 주목하라.

- 황금 바나나를 따라.

- 직원들에게 그들의 가치를 인정하고 있다는 것을 보여줘라. 그들도 동료들을, 고객들을 그렇게 대할 것이다.

- 당신의 사무실을 즐겁고 활기차고 당당하고 유쾌한 곳으로 만들어라. 목표 달성비율이 높아질 것이다.

- 인생의 원대한 계획에서 아주 작은 것이 가장 중요한 부분을 차지할 때가 있다.

- 당신이 주변을 보는 시각을 바꿀 때, 보이는 바가 달라진다.

감동적인 서비스를 위한 조건

직원을 우대하기

직원을 가족과 같이 대하라. 그들을 위해 문을 열어주고, 반갑게 인사를 건네고, 필요한 것을 선사하고, 고마움을 전하고, 수익을 나누어줘라. 그들은 반드시 받은 만큼 갚을 것이다.

고객에게 최선을 다하기

고객을 가족과 같이 대하라. 그들을 위해 문을 열어주고, 반갑게 인사를 건네고, 필요한 것을 선사하고, 고마움을 전하라. 그들은 반드시 다시 방문할 것이다.

항상 정직하기

옳은 것을 실천해야 한다는 것은 두말하면 잔소리다.

열정을 다하기

자신이 하고 있는 일을 사랑한다면, 그것은 일이 아니라 삶이다. 입 밖으로 내뱉은 말은 반드시 실천하라.

용기있게 행동하기

위험을 감수하라. 천 길 낭떠러지에 열매가 맺힌다.

♦ 사회생활에 임하는 원숭이 본능 ♦

- 선조들의 발자취를 따르는 것은 그 자체만으로도 충분히 가치가 있다는 것을 원숭이들은 알고 있다.

- 여자 원숭이들은 타고난 직관력이 있다. 그들이 말을 할 때는 이상한 낌새가 없는지 조심하고 볼 일이다.

- 대부분의 남자 원숭이들은 자신의 하루를 이야기하기 전에 냉정을 찾아야 한다. 시원한 물 한 컵을 들이켜고 정신 차려라.

- 대부분의 여자 원숭이는 말을 끝까지 하지 않는다. 그들은 당신의 대화에 불쑥 끼어들지도 않고, 문제의 해결책을 제시하지도 않는다. 그들의 이야기 주머니를 풀게 하라. 해결책을 찾을 수 있을 것이다.

- 여자 원숭이는 하루에도 몇 번씩 '쯧쯧' 상황을 경험한다. 그들의 눈이 흔들리는지 잘 관찰해 지금이 그런 상황인지 알아내야 한다.

- 언제나 그렇듯이 소수의 원숭이들만이 성공하고 나머지는 실패한다. 성공하는 원숭이는 인정받고 보상을 받는 편이지만, 그렇지 않은 원숭이는 나무에서 떨어진다.

- 머리를 치고 배를 박박 문지르는 것은 문제를 해결하기 위해 고민할 때 취하는 행동이다. 정신을 집중할 때 그만이다.

- 어떤 원숭이들은 알지만, 어떤 원숭이들은 모르는 문제가 있다. 천성적으로 고객을 어떻게 대해야 하는지 순간순간 알아채는 원숭이들의 활약은 눈부시다. 그들이 어떤 인물인지 눈여겨보라.

- 서비스의 귀재는 자신에게는 물론이고, 회사나 동료들에게 더욱 수준 높은 서비스를 요구한다. 자신이 돋보이길 바라는 고객의 욕망을 충족시켜준다.

- 정글의 새들은 끼리끼리 모인다. 이 사실을 아는 정글의 원숭이들은 자기와 비슷한 원숭이를 찾기 마련이다. 당신은 찾았는가?

옮긴이_ 김근주

출판 편집자로 많은 책을 만들었으며 출판 기획자이자 번역가로 활동하고 있다. 옮긴 책으로 〈구스타브 도레의 그림과 함께 읽는 돈키호테〉 〈굿리더십〉 〈엄마, 할머니가 이상해요〉등이 있다.

몽키 비즈니스

초판 1쇄 찍음 2008년 2월 4일 • 초판 1쇄 펴냄 2008년 2월 18일 • 지은이 샌디 와이트 외 • 펴낸이 이태준 • 편집 홍석봉, 김수현 • 디자인 이은혜 • 마케팅 최현수 • 관리 김수연 • 펴낸곳 문화유람 • 출판등록 제17-332호 2002년 10월 18일 • 주소 서울시 강동구 성내1동 533-1 영우빌딩 301호 • 전화 02-486-0385 • 팩스 02-474-1413 • 우편 (134-600) 서울시 강동구 강동우체국 사서함 164호 • www.inmul.co.kr • cntbooks@gamail.com • ISBN 978-89-91945-13-5 03320 • 값 10,000원 • 북카라반은 도서출판 문화유람의 새 브랜드입니다.